BÉNAVENT :: EN BERRY ET :: SON PRIEURÉ, 1174-1899

PAR A.-F. AUDE

PARIS :: AUGUSTE PICARD, ÉDITEUR
:: :: 82, RUE BONAPARTE, 82 :: 1916 :: ::

CET OUVRAGE A ÉTÉ TIRÉ
A 205 EXEMPLAIRES NUMÉROTÉS

5 exemplaires sur Japon avec double suite du frontispice (non mis dans le commerce) .. .. 1 à 5
200 exemplaires sur papier Vergé antique. .. .. 6 à 205

N° 

CHAPELLE DU PRIEURÉ DE BÉNAVENT

(XIIe SIÈCLE)

BÉNAVENT
:: EN BERRY ET ::
SON PRIEURÉ, 1174-1899

PAR A.-F. AUDE

Dum pia [illegible] ordine xpi
mille quater binos [illegible] annos
[illegible] [illegible] [illegible]
[illegible] (quinque [illegible]) [illegible] [illegible]
[illegible] [illegible] [illegible] [illegible]
[illegible] posuit [illegible] [illegible]
[illegible] [illegible] [illegible]
[illegible] culpas) divinis [illegible]

PARIS :: AUGUSTE PICARD, ÉDITEUR
:: 82, RUE BONAPARTE, 82 :: 1915 - 1916 ::

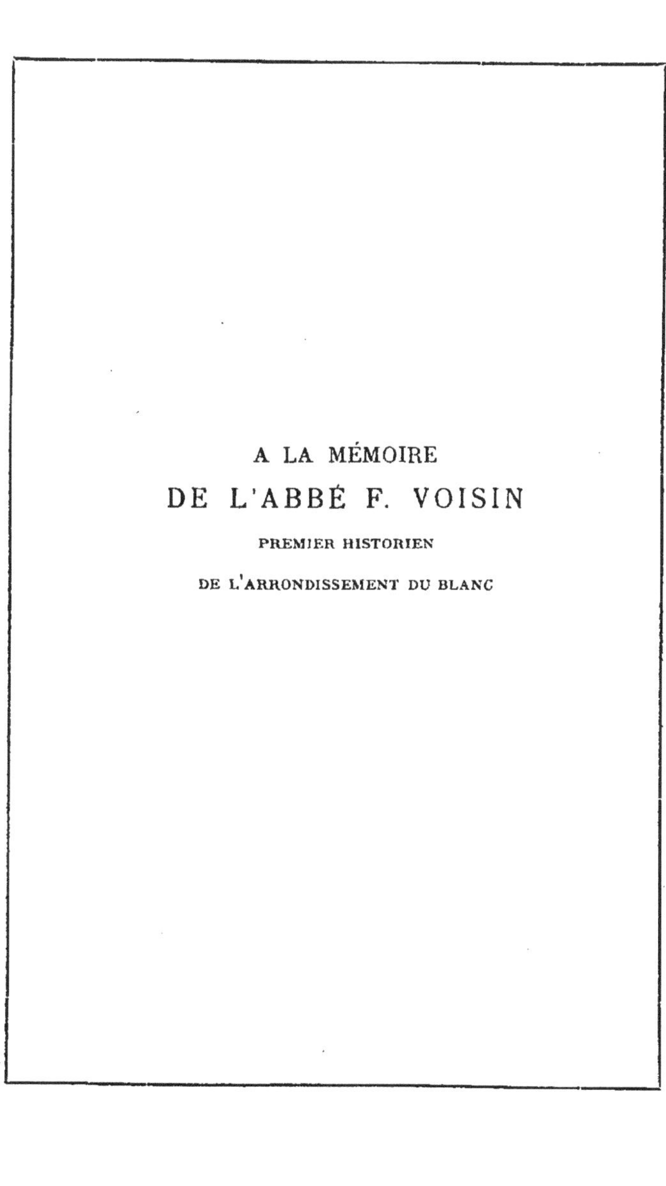

A LA MÉMOIRE

DE L'ABBÉ F. VOISIN

PREMIER HISTORIEN

DE L'ARRONDISSEMENT DU BLANC

AVANT-PROPOS

> Il appartenait à notre siècle, et ce sera là une de ses gloires les plus pures, de remettre en honneur nos vieux édifices religieux si longtemps dédaignés et déshonorés.
>
> MONTALEMBERT.

Le touriste qui parcourt la vallée de la Creuse, attiré par la beauté majestueuse des sites et par la poésie des souvenirs, ne doit pas manquer de s'arrêter quelques instants au village de Bénavent, pour en visiter l'antique oratoire.

Certes, le prieuré de Bénavent, simple membre de la grande famille de Saint-Benoit, n'est pas, comme le monastère de Fontgombault son voisin, un de ces édifices imposants, un de ces joyaux d'architecture que la foi vive de nos pères avait su élever à Dieu et qui forment aujourd'hui les plus beaux fleurons de sa couronne monumentale ; il ne s'égale pas non plus en intérêt à sa mère, l'abbaye de Méobec, qui fut l'une des plus anciennes maisons de l'ordre célèbre des Bénédictins en France, et dont l'histoire, féconde en grands souvenirs, est assurément une des gloires du diocèse de Bourges.

Cependant, la vieille chapelle de Bénavent présente un triple intérêt: d'abord au chrétien qui y retrouve le témoignage de la piété de ses ancêtres, ensuite, à l'archéologue, car elle offre des morceaux intéressants de l'architecture des XIIe et XVIe siècles, enfin, à l'historien, puisqu'elle fut la victime de la Guerre de Cent ans, des luttes fratricides entre catholiques et protestants et qu'elle eut également à souffrir de la tourmente révolutionnaire.

Je n'ai pas la prétention, en publiant cette monographie, de traiter quelque grand sujet historique, pas plus que celle d'avoir découvert un chef-d'œuvre de l'art national. Non, j'écris simplement ce que je sais d'un modeste village du Berry, auprès duquel le hasard d'une adjudication m'a appelé à habiter, et si j'ai multiplié les citations, ce n'est pas, je prie de le croire, pour faire étalage d'une vaine érudition, mais bien pour accompagner toujours mes assertions de preuves à l'appui.

Chemin faisant, je n'ai pu résister au plaisir de glaner quelques souvenirs historiques et religieux à Mont-la-Chapelle, à Saint-Aigny et à Rochefort, avec lesquels Bénavent eut jadis des rapports constants, de même qu'en terminant j'ai cru devoir consacrer quelques pages à certaines familles du pays qui ont joué un rôle important dans l'histoire de la province.

A ces titres divers, Bénavent a un passé et c'est ce passé que je vais essayer de faire revivre.

A.-F. AUDE.

Bénavent, le 1er Janvier 1916.

Première Partie

LA ROUTE DU BLANC A BÉNAVENT

I. Mont-la-Chapelle. — II. Saint-Aigny.

III. Rochefort.

IV. Le bon Saint-Fleuret.

I

La route du Blanc à Bénavent est certainement l'une des plus pittoresques et des plus accidentées du Bas-Berry. Elle côtoie presque constamment la Creuse et offre à chaque pas les points de vue les plus variés.

Ici la rivière n'est plus âpre et sauvage comme à Gargilesse et à Crozant, elle continue d'être ce qu'elle est à Saint-Gaultier, à Ciron, à Ruffec, tantôt promenant majestueusement ses eaux dans un lit profond, tantôt les précipitant avec bruit du haut des barrages ; des îles dont elle dessine les contours, des peupliers qui s'élèvent sur ses rives, des massifs de saules au feuillage argenté, des prairies immenses que parcourent de nombreux troupeaux, voilà les objets qui s'étalent sous les regards et dont l'ensemble produit les points de vue les plus riants.

Presque en sortant du Blanc, après être passé sous le viaduc monumental qui fait communiquer cette ville avec le Poitou, on rencontre à droite le commencement d'une chaîne de collines qui se continue jusqu'après Fontgombault. C'est d'abord la cave de Fontblanc avec ses grottes profondes, puis les ruines du prieuré de Mont-la-Chapelle dont les tours élégantes et les grands murs disparaissant sous une couche de lierre, s'étagent de la façon la plus pittoresque au sommet du côteau.

Quelques détails sur les prieurés ne seront peut-être pas déplacés ici et pourront éclairer le lecteur sur leur existence multipliée dans la région du Blanc et donneront également l'explication d'une foule de petites chapelles disséminées dans nos campagnes. Parmi ces prieurés quelques-uns sont encore debout comme Bénavent et Saint-Aigny — la plupart sont en ruines ou désaffectés, tels Mont-la-Chapelle et Ruffec-le-Franc.

Pour expliquer cet état de choses, nous emprunterons à l'excellent ouvrage de Louis de Héricourt sur les *Lois ecclésiastiques en France* les notions suivantes sur les prieurés.

« Il y avait deux espèces de prieurés, les prieurés simples « qui étaient des bénéfices ou concessions faites à des « particuliers pour en toucher les revenus et les prieurés-« cures qui étaient paroisse.

« Comment se sont-ils établis dans l'origine ?

« Les moines et les chanoines réguliers avaient des fermes « considérables dans les campagnes qu'ils tenaient par leurs « mains. Pour faire valoir ces biens, ils envoyaient dans « une ferme un ou plusieurs religieux qui avaient soin du « temporel et qui célébraient le service divin dans une « chapelle domestique. On appelait ces fermes *Obédiences*. « Celui qui était chef des religieux d'une obédience se « nommait *Prieur* ou *Prévot* et la ferme dans laquelle il « ou ils résidaient *Prieuré* ou *Prévoté*.

« Au bout de l'an, le chef des religieux devait rendre « compte au Monastère des revenus de la ferme dont il avait

« l'administration et ne garder que les sommes nécessaires « à sa nourriture et à l'entretien de ceux qui l'assistaient.

« L'abbé pouvait, quand il lui plaisait, rappeler dans le « cloître le prieur ou prévot et les religieux qui étaient avec « lui.

« Au commencement du XIIIe siècle, il y eut des abbés qui « donnèrent des ordres à quelques-uns de leurs religieux « pour demeurer pendant leur vie dans une obédience et « pour en gouverner les biens comme fermiers perpétuels.

« Le Pape Innocent III, regardant cet usage comme un « abus contraire au vœu de pauvreté et dont le Pape même « ne peut dispenser les religieux, le condamne expressément « dans les termes suivants : *Nec alicui committatur aliqua « Obedientia perpetuo possidenda tanquam in sua sibi vita « locetur ; sed cum opportuerit amoveri, si contradictione « qualibet avocetur.*

« Cette loi, toute sage qu'elle était, ne fut pas longtemps « exécutée, car les prieurs ne tardèrent pas à suivre « l'exemple des abbés et à s'attribuer les revenus de la ferme « comme les abbés s'attribuèrent les revenus des monastères.

« Quant aux prieurés-cures, qui étaient aussi des bénéfices, « de simples administrations, ils ne se sont pas tous formés « de la même manière. Les uns étaient des paroisses avant « qu'ils ne tombassent entre les mains des religieux, les « autres ne le sont devenus que depuis que les monastères « en ont été les maîtres. Pour en connaître la différence, il « faut observer que les évêques ont donné aux abbayes tant « de moines, que de chanoines réguliers, les dîmes d'un « grand nombre de paroisses et les autres revenus qui y « étaient attachés. Ce qu'ils appelaient *altaria* (revenus de « l'autel). L'abbé qui prélevait tous les revenus de la cure

« était obligé de la faire desservir par un de ses religieux « quand la communauté était composée de chanoines « réguliers et par un prêtre séculier quand on faisait « profession dans la communauté de la règle de Saint- « Benoît ».

Le prieuré de Mont-la-Chapelle placé sous le vocable de Saint-Vincent *Capella Sancti Vincentii de Montibus Capellæ cum annexis de Trullis* (Trilly en Poitou) dépendait de l'abbaye de Charroux, au diocèse de Poitiers, et était uni à la collégiale de Saint-Julien-de-Brioude en Auvergne. Au dire de Nicolas de Nicolay (1), il rapportait par an trois cents livres de ferme.

Aujourd'hui des constructions modernes se sont élevées sur ses ruines mais celles-ci sont encore fort intéressantes.

De la chapelle, dont le plan est encore visible, subsistent une porte latérale (2) et à côté une tour d'escalier.

Au-dessus de la porte, à l'extérieur, se trouve une statue mutilée de la Vierge, à l'intérieur, on voit encore le départ de voûtes écroulées.

A la retombée d'une de ces voûtes sont trois écussons accolés, aux armes de Savary de Lancosme.

Toutes les moulures et sculptures sont très bien traitées et datent comme l'ensemble de l'édifice du XVIe siècle.

Au-dessous des restes de la chapelle, est une maison encore habitée qui fut vraisemblablement celle des prieurs. Là encore se trouve une tour d'escalier à laquelle donne accès une porte du style gothique flamboyant. — Au premier étage

(1) *Description générale du païs et duché de Berry et diocèse de Bourges.* — M. S. autogr. conservé à la Bibl. Nat. publié par Aupetit. Châteauroux 1883, p. 167.

(2) Au mur extérieur de la chapelle a été adossée une grange.

on remarque une belle fenêtre romane en plein cintre parfaitement conservée et paraissant dater du XIIe siècle. — Contre le pignon de la maison se trouve la base d'un curieux corps de cheminée à pans coupés.

Un peu plus loin on voit une troisième tour adossée à un bâtiment reconstruit qui devait être une dépendance de la maison des prieurs.

Toutes ces tours jointes à celles d'un antique colombier voisin donnent aux ruines du prieuré, quand on les aperçoit de la route, l'aspect d'un lieu fortifié.

C'est dans les ruines de la chapelle, où les anciens du village se rappellent parfaitement l'avoir vue, que se trouvait primitivement l'intéressante pierre tombale, placée actuellement dans l'un des bas côtés de l'église Saint-Génitour du Blanc. Cette pierre recouvrait la dépouille mortelle d'Antoine Savary, titulaire du prieuré de Mont-la-Chapelle au XVIe siècle.

Apportée au Blanc on ne sait par qui, cette dalle servit longtemps de seuil à une maison particulière. C'est là qu'elle fut découverte, il y a une vingtaine d'années, par M. Joseph Pierre, l'aimable directeur de la *Revue du Berry*. Ce dernier la fit placer d'abord au musée de la ville, puis ensuite dans l'église Saint-Génitour.

La pierre fort endommagée, particulièrement dans son inscription où on ne peut plus lire que quelques mots aussi peu significatifs que possible : CY GIST NOBLE....E AN...NE représente un personnage revêtu du surplis ecclésiastique, le cou enveloppé de l'amict, la tête rasée appuyée sur un coussin, les mains jointes sur la poitrine.

Heureusement qu'à défaut de nom cette dalle laisse voir très distinctement en trois endroits *l'écu écartelé d'argent et de sable* des Savary de Lancosme.

Antoine Savary nous semble avoir été dans le passé le prieur le plus important de Mont-la-Chapelle, en tout cas ce fut lui qui construisit, ou au moins remania considérablement, les bâtiments de la chapelle, ainsi que le prouve l'apposition de ses armes répétées trois fois sur la retombée d'une des voûtes écroulées.

Il appartenait à l'illustre famille des Savary, aujourd'hui éteinte, qui posséda depuis le XIIIe siècle jusqu'au XIXe le château et la terre de Lancosme (1), près de Vendœuvres-en-Brenne, et qui a fourni à la France un ambassadeur sous Henri II, un bailli de l'ordre de Malte, un commandeur de l'ordre de Saint-Jean-de-Jérusalem, un député aux Etats-Généraux et un pair de France sous Charles X.

Nous ignorons la date de la naissance d'Antoine Savary ; tout ce que nous savons de lui est qu'il était fils d'Antoine, seigneur de Lancosme, qui épousa en 1525 sa cousine Catherine Savary (2), qu'avant d'être prieur de Mont-la-Chapelle, il était religieux à l'abbaye de Méobec et qu'en 1572 il soutint un procès contre Charles Richard, seigneur de Saint-Aigny, au sujet du moulin dudit lieu (3).

Parmi ses successeurs nous trouvons en 1661 Jean Mouchet *escuier abbé de Saint-Georges*, en 1735 *messire Antoine Blanchet prestre*, et en 1772, Charles-François Blanchet *prestre prieur commandataire des prieuré et seigneurie de Mont-la-Chapelle, demeurant en la ville de Buzançois, paroisse de Saint-Etienne.*

---

(1) Aujourd'hui propriété du baron de Lestrange.
(2) Fille de Guillaume, seigneur de Badecon et de Nouziers et de Guyonne Augustin.
(3) *Arch. de l'Indre*, E. 444.

Il y avait autrefois à Mont-la-Chapelle un moulin (1) appartenant au prieuré. Ce moulin semble avoir donné lieu à des procès continuels entre les prieurs et les seigneurs de Saint-Aigny.

En 1761, Blanchet, prieur, afferme le dit moulin sur la rivière La Creuse *tournants, virants et meulages d'iceluy faisant de bleds, farines, composé de deux roües garnies de leurs meules de Chilloux, rouets, tournants, virants, travaillans et autres ustensiles nécessaires et utiles audit moulin avec la maison en dépendant pour loger les meuniers, le pré, terre et chenevière moyennant la somme de 270 livres et 4 boisseaux de mouture.*

En 1772, Charles-François, Blanchet son successeur, poursuit messire Jacques de Chamousseau, seigneur de Saint-Aigny, pour *avoir pêcher ou fait pêcher dans la rivière de Creuse dépendant dudit prieuré de Mont-la-Chapelle et pour avoir élevé l'écluse et mis une deuxième roüe à son moulin.*

Le dernier prieur de Mont-la-Chapelle fut, au moment de la Révolution, l'abbé Dard qui cumulait ces fonctions avec celles de vicaire de l'église Saint-Génitour du Blanc (2).

Il a laissé une triste mémoire car le 24 mars 1793 il prêtait serment, puis se sécularisait et se mariait. Ce fut lui qui organisa au Blanc la fête de l'Etre Suprême (3).

Le prieuré de Mont-la-Chapelle possédait dans la paroisse de Saint-Aigny une certaine étendue de prés, bois, terres et

---

(1) Ce moulin se trouvait à la place de la villa du comte de Gallwey.

(2) Il est assez probable qu'il n'était pas prieur dans la véritable acception du mot ; mais qu'il venait du Blanc exercer son ministère à Mont-la-Chapelle.

(3) Abbé Guidault, *Le Blanc pendant la Révolution.* Le Blanc, Dupin 1913, p. 43, 52, 60 et 61.

vignes. Ces biens furent acquis à l'amiable avant la Révolution par la famille Mangin de Beauvais dont il sera parlé plus loin.

Lors de la vente des biens nationaux du district du Blanc, le 22 septembre 1791, les propriétés du prieuré furent adjugées de la façon suivante :

1° La maison et la chapelle à Noël Leduc et Antoine Alaphilippe, sous réserve des ornements et des cloches : 19.000 livres.

2° Le grand pré de devant contenant 30 boisselées à Sylvain Pailler, Noël Pailler, Christophe Julien : 9.000 livres.

3° 22 bosselées au Champ Monsieur, à Louis-Jean Perséguères-Valois : 1.525 livres.

4° Le côteau de la Garenne à Noël Leduc, Michel Tricoche, Silvain Pailler : 8.000 livres.

5° Enfin, la maison du moulin, le bâtiment, le jardin et 12 boisselées de terre à divers : 10.000 livres.

Il y a une douzaine d'années, on découvrit, au bord de la rivière, en-dessous de Mont-la-Chapelle, l'entrée d'un souterrain. Plusieurs personnes s'y engagèrent, s'avancèrent paraît-il, pendant près de 500 mètres, mais durent s'arrêter devant un cours d'eau qui leur barrait la route. La boussole leur indiqua, à certains moments, qu'ils étaient sous le lit de la Creuse.

II

Quelques centaines de mètres plus loin, sur la rive gauche de la Creuse, on aperçoit le village de Saint-Aigny (1), aujourd'hui bien déserté, autrefois *lieu noble possédant hostel et prieuré.*

Le fief de Saint-Aigny qui dépendait de la châtellenie du Blanc, ainsi qu'en font foi les aveux de plusieurs de ses seigneurs (2), a appartenu à un assez grand nombre de familles.

La plus ancienne que nous connaissions est celle de Jean d'Esteignères, chevalier, seigneur de Chanvilan, qui vendit sa seigneurie (de Saint-Aigny) à Jean-André Macé, marchand, en 1424. Les Macé la possédèrent pendant presque tout le XVe siècle ; les principaux membres de cette famille furent Antoine, François et Charles.

Au XVe siècle, Louis du Breuil, héritier des Macé, céda son fief à Pierre Charasson (3), qui semble y avoir eu quelque droit (4). La famille Charasson ne garda pas longtemps Saint-Aigny puisque, peu d'années après, nous voyons Geoffroy Charasson l'échanger à Charles Richard, seigneur de la Barre (5), contre le fief de Beauregard.

---

(1) Autrefois Saint-Aignien, Saint-Aigniez, Saintigny.

(2) Antoine Macé à Jean de Preuilly, François du Breuil à Louis-François de Clermont, Charles Richard à Charles de la Rochefoucauld.

(3) Les Charasson étaient originaires du Blanc, ou s'y retirèrent par la suite. Dans la ville-haute, au lieu dit les Charassons, se trouve une intéressante crypte du treizième siècle dans laquelle la tradition veut que les Huguenots se soient réunis autrefois pour chanter des psaumes.

(4) Voir *Arch. de l'Indre*, E. 411.

(5) Aujourd'hui propriété de la vicomtesse de Bondy.

Les Richard, eux, conservèrent la seigneurie pendant presque tout le XVIIe siècle. Charles Richard laissa quatre fils, Pierre, Jean, Charles et Antoine. Le premier étant mort, ses frères se partagèrent ses biens. Saint-Aigny fut attribué à Antoine, tandis que Charles devenait seigneur de la Pariserie.

En 1770, leur descendant, Louis Richard, vendit le fief de Saint-Aigny à Jacques-Christophe Moreau de Chamousseau, chevalier de l'ordre militaire de Saint-Louis (1). Ce dernier, qui posséda le fief jusqu'à la Révolution, nous semble avoir été de caractère difficile et d'humeur procédurière, car à son dossier, aux Archives départementales, on ne trouve que procès (2) et essais d'accommodement (3). D'ailleurs nous avons vu plus haut qu'il pêchait et faisait pêcher dans la partie de la rivière appartenant au prieur de Mont-la-Chapelle et que, de plus, au mépris de tout droit, il avait élevé l'écluse et mis une deuxième roue à son moulin.

Un habitant du village de Mont-la-Chapelle, cependant bien ignorant de l'histoire de la région, nous a montré, dans les prés du village, les vestiges d'un travail grâce auquel, disait-il, « un seigneur d'autrefois avait voulu détourner la rivière à son profit ». Ce seigneur n'a dû être autre que le sieur de Chamousseau.

Ces différentes familles n'étaient pas les seules à posséder des terres à Saint-Aigny. Comme nous l'avons dit plus haut,

---

(1) Il tirait son nom du village de Chamousseau situé dans la paroisse de Mérigny, voisine de celle de Saint-Aigny.

(2) E. 446. Procès soutenu en 1770 par Jacques-Christophe de Chamousseau contre Hélie Soumain de la Rouletière. E. 445. Procès soutenu en 1772 par Jacques-Christophe de Chamousseau contre Charles-François Blanchet, prieur de Mont-la-Chapelle.

(3) E. 448. Essais d'accommodement entre M. de Chamousseau et MM. Mangin de Beauvais. Id. entre le même et M. Dupin, seigneur de Rochefort.

le prieuré de Mont-la-Chapelle y avait des biens ; les Morelon de Pouligny étaient propriétaires de plusieurs métairies ; les Barbe, seigneurs de la Tour Vouillon, possédaient presque tous les prés jusqu'en dessous de Rochefort, mais après les seigneurs de Saint-Aigny proprement dits, les Mangin de Beauvais prenaient la première place. Cette famille, aujourd'hui éteinte, a laissé de tels souvenirs dans la région, au Blanc notamment, où un boulevard porte son nom, que nous devons lui consacrer quelques lignes.

« Les Mangin, dit le Dr Gaudon, étaient établis au Blanc « depuis le XIVe siècle : il existe un acte de mariage de Mangin, « sieur de Chizé avec une demoiselle Auzannet, datant de 1300. « Il est fait mention de cette famille dans les *aveux* des « seigneurs du Blanc les plus anciens. Dès le commencement « du XVIIe siècle, elle était représentée par quatre souches « bien distinctes par leurs titres : Etienne Mangin, sieur de « Pouzioux, Jacques, sieur des Massicots, Jean, sieur de Chizé « et Gabriel, sieur de la Ferrande (1) ».

Jacques, fils d'Etienne, prit le nom de sieur de Beauvais (2), ainsi que François, son frère. Le premier fut la souche des seigneurs de Voulpaudière (ou de l'Ipaudière) (3), et le second la souche des Mangin d'Ouince. Cette dernière famille, encore si honorablement représentée dans le pays, tire son nom d'un petit castel et d'un village situés dans la commune de Sainte-Gemme-du-Sablon, en Brenne.

En 1680, les Mangin firent leur preuve de noblesse ; cette preuve fut vérifiée et enregistrée conformément à l'édit du

---

(1) *Histoire du Blanc et de ses environs*. Le Blanc, Aupetit, 1868, p. 301.
(2) Ferme située dans la paroisse de Concrémiers.
(3) Hameau situé à deux kilomètres du Blanc. En 1484, nous voyons Simon Voulpault en difficulté avec Geoffroy Charasson, seigneur de Saint-Aigny, au sujet de certaines terres.

roi, en 1733 (1). Ils portaient d'azur à deux croissants d'argent.

Les Archives départementales sont très riches en documents de toutes sortes sur la famille Mangin de Beauvais ; il est surprenant que ces papiers aient pu échapper à l'ordre de destruction des titres féodaux prononcé par le Conseil de District du Blanc, le 22 Brumaire an II (2).

On trouvera à la fin de cette notice un résumé chronologique des pièces ayant trait au séjour des Mangin à Saint-Aigny (3).

Saint-Aigny possédait un prieuré-cure placé sous le patronage des Augustins d'Angles en Poitou ; ce prieuré, beaucoup moins important que celui de Mont-la-Chapelle, ne semble pas avoir possédé de grands biens : en l'espace de deux siècles, on ne lui trouve trace que de quatre petites propriétés et de 3 livres 10 sols de rente.

Le nom de cinq de ses prieurs est parvenu jusqu'à nous : au XVIe siècle, Pierre Roy et Huguet de la Combe, au XVIIe, Nicolas Poiron et Jean Pinault de Bonnefonds, enfin au XVIIIe, René Berthelot, chanoine régulier de l'ordre de Saint-Augustin, de l'ancienne observance.

La chapelle du prieuré, dédiée à Saint-Aignan, est fort intéressante, elle a été remaniée au moins trois fois. Le portail et l'abside en cul-de-four éclairée par d'étroites fenêtres en arc brisé, datent du XIIIe siècle ; la nef, plus basse que le sol, paraît écrasée par les arcs surbaissés qui la soutiennent et qui ne commencent qu'à un mètre de terre. Au XVIe siècle furent construits le bas côté qui se trouve au

(1) *Arch. de l'Indre*, E. 430.
(2) Cette destruction eut lieu sur la place des Hautes-Tours, au Blanc, le 15 Novembre 1793.
(3) Pièce justif. 81.

sud de l'église et le porche qui précède le portail. Le campanard (1) dont une seule des deux ouvertures en plein cintre est occupée par une cloche, date du XVIIe siècle.

Cette chapelle, depuis la Révolution, n'a plus de desservant à demeure, le curé de l'église Saint-Etienne du Blanc se contente de venir y dire la messe une fois par mois. La maison prieurale, adossée à la chapelle, et qui paraît dater de la fin du XVe siècle, est assez curieuse. Elle est presque en ruines ; cependant on y voit encore une fenêtre avec des moulures et une cheminée de cette époque.

La chapelle de Saint-Aigny et le vieux cimetière qui y est attenant ont inspiré à un poëte local les vers suivants :

Que j'aime cette église à l'aspect triste et sombre !
Des chênes, des noyers la couvrent de leur ombre,
De souples liserons s'accrochent aux arceaux,
Et les *carlets* (2) crieurs dorment dans ses rinceaux.

Comme une diaphane et soyeuse guipure,
Le lierre vagabond jusques à la toiture
Etend ses rameaux verts qui tiennent, en été,
Des rayons du midi son portail abrité.

Tout près, sous les ormeaux, un humble cimetière,
Avec ses croix de bois et ses tombes de pierre,
La rend plus sainte encore et plus digne de Dieu !

Ici, tout est navrant comme un dernier adieu !...

Par le portail ouvert de l'humble basilique
Pénètre à l'intérieur un jour mélancolique,
Nuançant vaguement par des tons de pastel

---

(1) Campanard ou *jouque-dehors*, clocher rudimentaire où la cloche est apparente.
(2) Nom berrichon des crécerelles.

Le prêtre à deux genoux qui prie au maître-autel,
Le chemin de la croix, la nef, les saints de pierre
Et le Nazaréen à son heure dernière.

Dans leur étain tordu, percés de trous sans nombre,
Les vitraux que le temps a peints de couleur sombre
Et qu'il a burinés capricieusement,
Le Saint patron du lieu courbe pieusement,
Sous l'auréole d'or sa tête austère et blanche ;
Vers lui, la palme en main, un chérubin se penche ;
C'est un enfant divin, beau comme Ithuriel
Et dont le doux regard semble un rayon du ciel.

Dans un autre vitrail, ombragé par les branches,
Saint-Etienne et Saint-Jean, tous deux en robes blanches,
Se tiennent par la main et, calmes, radieux,
Reflètent sur leur front le souvenir des cieux.

Tous les ans, à l'époque où l'on coupe les blés,
Lorsque les moissonneurs dans les champs rassemblés
Font tomber sous la faux les blonds épis des plaines
Et dansent, vers le soir, à l'ombre des grands chênes,
Aux sons de la musette et des pipeaux joyeux,
Je reprends le chemin agreste et rocailleux
Qui me conduit, rêveur, à la modeste église
Toute pleine du Dieu dont mon âme est éprise,
J'entre le front penché, je me signe trois fois,
Puis contemplant le Christ expirant sur la Croix,
De mon âme aussitôt la prière s'élève
Et monte vers les cieux sur les ailes du rêve.

(Cette poésie inédite est de M. Léonce Jolly-Dhyonnet, le fin lettré du Blanc, lauréat des Jeux Floraux).

Du séjour des seigneurs à Saint-Aigny, il ne reste plus qu'une belle maison du XVIIe siècle, au bord de la rivière, habitée aujourd'hui par le meunier. Celui-ci n'a plus à redouter la concurrence du moulin de Mont-la-Chapelle, aujourd'hui démoli, et qui donna lieu autrefois à tant de contestations entre ses prédécesseurs et les anciens prieurs.

A l'est de la maison, la douve sèche qui la défendait est encore visible ; par derrière est une grande cour où se trouve une tour intérieure en parfait état de conservation et qui servait d'escalier ; cette tour possède une porte du XVe siècle surmontée d'un écusson *à la croix chargée de cinq alérions.*

A signaler aussi à Saint-Aigny deux sources d'eau vive jaillissant à quelques mètres de la Creuse — comme à quelques kilomètres de là, la fontaine de Gombaud — et un vieux moulin à vent, tour de pierre à toiture mobile, le seul que nous connaissions dans la région.

Sous la Révolution, Saint-Aigny, dont le nom rappelait aux farouches démagogues du Blanc le souvenir d'un saint, fut appelé *Fontaines.*

Non loin de Saint-Aigny, dans l'intérieur des terres et loin de tout chemin s'élèvent, au milieu des champs, les ruines pittoresques du prieuré de Ruffec-le-Franc. qu'on appelait autrefois la chapelle des Rabys.

Ce prieuré fut fondé sous le vocable de Saint-Jean-l'Evangéliste par les libéralités posthumes de messire Jean Raby, *prestre du diocèse de Pothiers* (Poitiers) décédé le 30 Août 1510.

Les chartes relatives à Ruffec-le-Franc sont des plus rares. En 1436, nous voyons Gilet Pèle, seigneur de Puypelerin (1), déclarer qu'il tient à hommage lige du seigneur du Blanc les cens (2) de Ruffec-le-Franc, et au début du XVIIe siècle Antoine d'Alloigny, seigneur de Rochefort, s'emparer

(1) Voir pièce justific. 82.
(2) Revenus.

frauduleusement des biens du prieuré. Enfin, en 1784, *Messire Jean Mangin Debeauvais, prestre prieur curé de la paroisse d'Urçay en Bourbonnois, titulaire de la chapelle des Rabys, donne pouvoir à Messire Silvain Debeauvais, écuyer seigneur de l'Ipaudière de nommer telle personne qu'il jugera à propos comme il en a le droit en sa qualité de chapelain de ladite chapelle ou stipandy de Saint-Jean-l'Evangéliste des Rabys vacante par le décès de Messire Joseph Mangin Debeauvais écuyer bachelier en théologie sous diacre du diocèse de Bourges chapelain de ladite chapelle des Rabys : fut nommé messire d'Argence, écuyer, chanoine de l'église cathédrale de Poitiers, y demeyrant, idoine et capable de tenir et posséder ladite chapelle* (1).

III

Après Saint-Aigny, toujours sur la rive gauche de la Creuse, les bords de la rivière se hérissent pour ainsi dire de rochers couronnés de taillis, s'élevant à pic et mirant dans les eaux leur front inaccessible ; sur un de ces rochers qui domine la rivière d'environ 35 mètres, se dressent les ruines du château de Rochefort.

Le rocher qui les supporte est un énorme bloc quadrangulaire qui fait saillie sur le flanc du côteau et ne laisse entre sa base et le bord de la Creuse qu'un étroit passage. Un vaste

(1) Communiqué par M. Blanchard, instituteur à Pouligny-Saint-Pierre.

rideau de lierre en tapisse la plus grande partie voilant de son feuillage sans cesse renouvelé cette inaccessible muraille.

Dès le premier examen, il est facile de se rendre compte que par sa position, ses moyens de défense, sa situation même sur les frontières du Berry et du Poitou, le château de Rochefort a joué un rôle important dans l'histoire de la région. Son histoire et celle de ses seigneurs ferait à elle seule la matière d'un gros volume ; nous renvoyons ceux de nos lecteurs qui voudraient être plus éclairés sur ce sujet aux brochures de MM. H. Chrétien et A. Desplanques auxquels nous avons fait quelques emprunts (1).

Avant de visiter les ruines, il est bon de se rendre compte de ce que pouvait être le château à l'époque de sa puissance. Voici la description qui en est faite dans un acte du 5 Février 1715 (2).

« *Le chasteau et seigneurie et ancien marquisat de Rochefort en la parroisse de Sauzelles : ledit chasteau assis et situé sur la pointe d'une roche prez et au-dessus de ladite rivière de Creuse contenant plusieurs corps de logis couverts d'ardoise et bastis à la moderne, tenans les uns aux autres et dans lesquels il y a plusieurs logemens, chambres et salles, antichambres, garderobbes et cabinets, une grande gallerie de communication de la longueur dudit chasteau en forme de colydor, plusieurs offices, cuisines et autres commoditez ; l'entrée duquel chasteau est par un pont de deux arcades de pierre de taille et au bout un pont levis et une très belle*

---

(1) *Etudes d'histoire locale*, Châteauroux, Majesté, 1885. et *l'Abbaye de Fontgombault et les seigneurs de Rochefort*, Paris, Chaix, 1861.

(2) Nous devons la communication de cet acte à l'obligeance de M. A. Frézard, conseiller général de l'Indre, propriétaire actuel du château de Rochefort.

terrasse, au plein pied d'une salle basse et quelques offices ; laquelle terrasse est revestue d'un mur d'appuy regardant sur ladite rivière de Creuse et au bout d'iceluy deux culs de lampe couverts d'ardoise et de plomb ; deux grandes cours séparées montant de l'une dans l'autre par des marches de pierre de taille en divers endroits et dans l'étendue de la haute court et joignant icelle sont deux pavillons à chaque bout couverts d'ardoise entre lesquels sont les grandes écuries voutées en berceau, les dits pavillons servant en partie de logement pour les fermiers; un portail pour l'entrée des dites écuries et un autre pour la sortie qui sont dans la largeur desdits bastimens au-dessus desquels et le long des dites écuries et dans l'étendue d'icelles sont de grands greniers et derrière est une autre grande basse-court fort étendue autour de laquelle est une ménagerie composée de plusieurs bastimens servans de celliers, cuviers, pressoir, des chambres boulangeries, des buanderies, fours, grande grange avec plusieurs remises de carrosses et autres bastimens se joignans et tenans, tous couverts à thuille platte, au delà desquels est un jardin clos de murs dans lequel est basti une grande fuye ; à côté de la première basse court est encore un autre jardin clos de mesme et encore dans le fond de la première mesme basse court du costé de la rivière est une autre grande terrasse revestüe de gros murs avec des appuis de pierre de taille ; autour comme la première et du costé ou la dite terrasse prend veüe sur la dite rivière est un degré de pierre de taille à deux montées garni de rampes de fer en œuvre et à la sortie de la même court pour aller du côté de Sauzelles est un abreuvoir pour les chevaux sur la droite, revestu de murs et parure de pierre de taille à la suite duquel et du même costé est un espèce de mail garni de bois fustaye chesnes et anciens murs ».

Après avoir évoqué le passé, revenons à la réalité. Protégé au nord, du côté de la rivière, par la paroi unie et perpendiculaire du rocher, le château était séparé sur les trois autres côtés des terres avoisinantes, par trois larges fossés ou douves sèches qui l'entouraient de toutes parts. A l'est, un petit ravin complétait cet isolement favorisé d'ailleurs par la saillie du roc sur le flanc de la colline.

De cette disposition avantageuse il résultait une sorte de plate-forme quadrilatère sur laquelle les premiers châtelains construisirent leur forteresse.

C'était un vaste bâtiment dont les côtés, exactement parallèles aux arrêtes du sol qui le soutenait, sont encore aujourd'hui nettement indiqués par quelques pans de murs et des fondations intactes.

« L'examen attentif des ruines, dit Chrétien, nous conduit « toutefois à penser que les châtelains sacrifièrent absolument « l'élégance à la beauté et à la force. Nous nous trouvons en « face des restes d'un de ces nids d'aigles si communs sur « les pics élevés de l'Auvergne, et qui s'élevèrent de tous « côtés à l'époque où la féodalité orgueilleuse ne reconnais- « sait au roi qu'une souveraineté toute nominale ».

Des murs épais, solidement assis sur le roc, forment la base du château. Au midi, une vaste salle basse ouvrant sur la douve existe encore intacte et présente deux portes extérieures : l'une, située au nord-est, communique avec des sortes d'oubliettes taillées dans le rocher ; l'autre, percée dans la paroi orientale, constitue le point de départ d'un couloir semi-circulaire dont la voûte s'ouvre, en montant vers le nord, dans les appartements du rez-de-chaussée.

A l'angle sud-est de ce rez-de-chaussée, on trouve les

vestiges d'une salle dont les parois sont encore régulièrement revêtues d'un ciment solide sur lequel on avait imité les joints de la pierre de taille. Au-dessus, se dresse une muraille isolée, seule trace du premier et du second étage.

De toute la large façade qui donnait au nord, sur la Creuse, il ne reste qu'une tour assez bien conservée et qui flanquait le corps de bâtiment sans en être détachée. Elle était divisée en deux pièces dont l'intérieure présente une meurtrière et une petite fenêtre, jadis grillée solidement, d'où l'on voit le village de Bénavent. Au-dessous de cette chambre est un couloir étroit et voûté qui descend sous la tour par une pente rapide et va s'ouvrir comme un puits dans un coin de la terrasse.

Au-delà de la douve du nord-ouest existe une grande terrasse se prolongeant d'une cinquantaine de mètres sur le côteau et dont le parapet a disparu entièrement ; de cet endroit, le visiteur jouit d'une des plus belles perspectives qui se trouvent dans le pays. A gauche, un coude de la rivière laisse à peine deviner les premières maisons de Fontgombault, dissimulées par les rochers qui bordent la rive droite. On distingue, en revanche, le village des Roches, gracieusement planté sur une cîme pittoresque. Aux pieds du touriste gronde le barrage de Bénavent ; plus haut, se dresse au loin le clocher de Pouligny. A droite, le regard, suivant les détours de la rivière qui serpente entre deux rangs de saules et de peupliers, franchit Mont-la-Chapelle pour venir s'arrêter aux limites de l'horizon, sur Le Blanc, dont on aperçoit le viaduc et l'église Saint-Etienne (1).

(1) Ancienne chapelle du couvent des Récollets.

Dans la paroi du mur de la terrasse, se trouve une petite chapelle en retrait dont la voûte abrite une sorte de niche assez étroite où devait être placée autrefois soit une statue, soit tout autre emblême religieux. Plusieurs personnes pensent que cette chapelle fut un lieu de sépulture pour les seigneurs de Rochefort ; mais son exiguïté et sa dissimulation aux regards nous font croire que ce petit oratoire avait une destination toute spéciale et que nous nous trouvons là en présence d'une *huguenoterie* (1). A droite et à gauche de cette chapelle sont deux escaliers en pierre de taille, parfaitement conservés, permettant de remonter de la terrasse dans la cour d'honneur.

La principale entrée du château était au midi, presque en face de la tour mentionnée plus haut ; après avoir franchi la douve à l'aide d'un pont-levis, on pénétrait dans la première cour où se trouve le puits qui alimentait le château ; aujourd'hui, par suite des démolitions, cette cour ne fait plus qu'une avec l'ancienne cour d'honneur.

Celle-ci, remarquable par son étendue, était limitée au couchant par des murs très élevés percés de deux ouvertures, une grande porte ornée d'une grille monumentale (2) et une petite, dénommée autrefois *guichet*, au midi, par de vastes écuries construites au XVIIe siècle et au-delà desquelles sont les bâtiments de la ferme. A l'est et à l'ouest des écuries se dressaient deux grands pavillons Louis XIII ; le premier a

---

(1) On appelait ainsi au XVIe siècle les cachettes où les protestants se retiraient pour prier en commun et chanter des psaumes.

(2) Cette grille en fer forgé du plus pur style Louis XVI a été transportée par les soins du baron L. de Villeneuve au château du Blanc ; elle sert actuellement d'entrée à l'école des garçons de la ville-haute.

disparu dans des constructions modernes, le second est encore debout. C'est dans ces pavillons qu'habitaient jadis les fermiers chargés de la garde du château.

Sur le versant de la colline, en descendant vers la Creuse, se trouve un souterrain assez profond. On y trouva autrefois, paraît-il, une grande quantité de cendres ; il est possible de trouver dans ces débris des preuves à l'appui d'une tradition d'après laquelle ce souterrain aurait servi de repaire à des faux monnayeurs (1).

Bâti au XIIIe siècle par un La Trémoïlle. Rochefort passa, par une alliance, aux mains des d'Aloigny qui en prirent le nom et le possédèrent pendant près de quatre cents ans. « Ces seigneurs, dit Desplanques, devinrent plus célèbres « par leur apostasie, le pillage éhonté qu'ils firent des biens « de l'abbaye de Fontgombault leur voisine, et les portraits « sanglants que traça d'eux le satyrique Saint-Simon, que « par les hauts faits des lieutenants généraux et du maréchal « qu'ils fournirent à la France au XVIIe siècle ». Les d'Aloigny portaient de gueules à trois fleurs de lis d'argent.

Après la mort du dernier marquis de Rochefort, Louis-Pierre-Armand, décédé en 1701 à l'âge de 31 ans (2) et la déconfiture de son héritière, la comtesse de Blanzac (3), la terre de Rochefort passa à un sieur Pinsonneau, chevalier,

---

(1) Plus récemment, ce souterrain a servi de chais au vicomte de Poix alors qu'il exploitait le vignoble des Tailles, dépendant de la terre de Rochefort.

(2) C'est à lui que Saint-Simon faisait allusion en disant : « la maréchale perdit son fils unique qui n'étoit pas marié et qui, à force de débauche, avoit à la fleur de son âge quatre-vingts ans ».

(3) C'est dans les papiers relatifs à la saisie de cette dernière, en 1715, que se trouve la description du château de Rochefort que nous avons donnée plus haut.

seigneur de Coulanges, de la Grandville et de la Tour de Maubergeon de Poitiers, conseiller du roi, maître ordinaire à la Chambre des Comptes, qui ne la conserva pas longtemps, car il la cédait en 1719 à la marquise de Parabère. Ruinée à son tour par la vie fastueuse qu'elle menait à la cour du Régent, cette grande dame fut forcée de vendre, en 1738, la terre de Rochefort à Claude Dupin, écuyer, receveur général des finances de Metz et Alsace, fermier général, conseiller et secrétaire du roi, seigneur de Chenonceaux, demeurant à Paris, quai d'Anjou, en l'île Saint-Louis.

C'est à la veuve de celui-ci, Madame Dupin, célèbre par son esprit et sa beauté, qu'il faut attribuer la démolition du château de Rochefort. N'y résidant jamais, elle aurait ordonné d'enlever la toiture de plomb qui le recouvrait (1).

Avant de terminer, il nous reste à retracer brièvement le lugubre épisode qui a donné au château de Rochefort une renommée fort étendue et dont le souvenir survivra peut-être aux restes du monument.

De 1795 à 1803, la France entière fut ravagée par des brigands qui parcouraient la campagne, massacraient les cultivateurs afin de piller librement les fermes et détroussaient les voyageurs sur les grandes routes au point de rendre impossible toute circulation. Ils avaient la spécialité de forcer les malheureux propriétaires ou fermiers à leur remettre leurs bourses ou ce qu'ils pouvaient avoir de précieux en leur chauffant les pieds sur un brasier. De là le nom de *chauffeurs* qui leur fut donné.

Dans la nuit du 19 au 20 ventôse de l'an IV (mercredi 9 au

(1) Gaudon, loc. cit. p. 265.

jeudi 10 mars 1796) une troupe de douze cavaliers revêtus de déguisements étranges sortait du Blanc et s'engageait sur le sentier qui mène à Rochefort ; non loin de Voulpaudière, un paysan entendit du bruit sur le chemin ; il ouvrit sa fenêtre pour demander l'heure aux passants et ne reçut qu'une bordée d'injures.

Une heure plus tard, Jean Aubier, fermier de Madame Dupin, au château de Rochefort, fut réveillé par de violents coups frappés à sa porte qu'il entr'ouvrit et referma aussitôt, saisi d'épouvante à la vue des brigands. Ceux-ci brisèrent la porte et firent violemment irruption dans le petit appartement qu'occupaient, au rez-de-chaussée, le fermier, sa femme, leurs deux fils et un de leurs gendres.

Tandis que neuf des scélérats immobilisaient ces derniers, les trois autres saisirent alors Jean Aubier et lui mirent les pieds nus dans les flammes (1) pour lui arracher le secret de la cachette où il recélait sa fortune. Pendant ce temps, un quatrième lui tenait « une chandelle allumée sous le nez pour l'empêcher de respirer » et lui brûlait le visage. Sa femme ne tarda pas à subir le même sort. Dans la chambre même où se passait cette scène atroce, un bandit maltraitait une jeune servante à laquelle il avait voulu inutilement faire subir les derniers outrages. Les malheureux durent indiquer la cachette où ils mettaient leurs économies ; les fouilles étant terminées, les *chauffeurs* s'éloignèrent, emportant dix-sept mille livres en écus et de nombreux objets de valeur.

La famille Aubier ne devait pas recevoir de sitôt la satisfaction de voir ses persécuteurs entre les mains de la

(1) La cheminée est encore telle qu'au jour du drame.

justice. Pendant douze ans, le silence se fit officiellement sur cette affaire, car parmi ces *chauffeurs* dont on se disait les noms tout bas, il y avait des hommes qui occupaient, au Blanc, des situations honorables, élevées même ; l'opinion publique, en outre, n'avait qu'une voix pour accuser un personnage considérable de Mérigny.

Cependant, le 15 mars 1808, une instruction fut ouverte et six individus étaient écroués. Nous ne donnerons que leurs initiales, plusieurs d'entre eux ayant laissé des descendants. Ce furent Antoine et Sylvain P..., Claude Bl..., Barnabé B..., domiciliés en ville-haute, René C..., ancien militaire, demeurant à Bénavent, et enfin Louis V..., brigadier de gendarmerie à Châteaumeillant, ancien commandant de la brigade du Blanc. On murmurait au Blanc, que les principaux coupables n'étaient pas parmi eux (1).

Le 25 juin 1808, la cour de justice criminelle de l'Indre, réunie en la Chambre du Conseil et composée de MM. Le Capelain, premier juge, faisant fonctions de président, Dupertuis, second juge, et Noëry, suppléants, assistés de Bourdillon, greffier, reconnaissant que les accusés, tout en étant coupables de l'attentat commis à Rochefort étaient couverts par la prescription, rendit une ordonnance de non-lieu.

Depuis cette époque, le château de Rochefort tomba de plus en plus en ruines ; la pioche des démolisseurs aida probablement beaucoup aux efforts du temps. Au commencement du XIXe siècle, la terre de Rochefort devint, par suite d'héritage, la propriété de la famille Valet de Villeneuve.

(1) Archives du Tribunal civil de Châteauroux.

En 1839, l'ancienne demeure des d'Aloigny fut vendue au vicomte de Poix qui la céda lui-même, en 1890, à M. A. Frézard. Celui-ci, utilisant, avec goût, dans ses constructions, un des anciens pavillons de l'ancien château, a élevé, à côté des ruines, une confortable habitation moderne.

IV

Entre le château de Rochefort et la rivière s'élève un côteau abrupt, couvert de taillis épais, que dominent çà et là des chênes plusieurs fois séculaires.

En bas de ce côteau, une large bande de prés verdoyants sert de rive à la Creuse ; en face, un long barrage traverse en biais la rivière qui, à cet endroit, s'élargit et forme deux bras entourant l'île de Mijault.

Cette île, ainsi que le vieux moulin qui porte son nom, appartenait autrefois aux seigneurs de Rochefort, ainsi que nous le voyons dans l'acte de saisie de la comtesse de Blanzac, en 1715 (1).

« *Ensuite du pré à Barbe de Roches qui est à la sortie du bourg de Saint-Aigny est un moulin sur ladite rivière dépendant de ladite seigneurie de Rochefort appelé le moulin de Migeaux, consistant ledit moulin en bastimens et logemens avec les aisances et appartenances de jardins et*

(1) Ils font aujourd'hui partie de la terre de Bénavent.

clôtures et y joint une grande île sur ladite rivière qui sert de pascage étant abondante en saules, ronces et épines, laquelle ne peut être circonférée parce qu'elle est aggrandie et diminuée par les eaües ; il y a aussi des prez qui dépendent de la ferme dudit moulin. Plus est joint a ladite ferme le droit du port et passage du basteau et bac dudit lieu de Migeaux, etc., etc. ».

« S'il est facile de donner l'aspect général de ce lieu, dit « l'abbé Voisin (1), qui le visita pour la première fois dans le « cours de l'année 1873, rien ne saurait en exprimer aux « beaux jours de l'année la fraîcheur et le charme.

« Rassemblez dans votre imagination tout ce que vous « connaissez de plus vert, de plus frais, de plus poétique, de « plus ombreux... vous n'arriverez pas encore à la réalité. « Rien n'est comparable à ce coteau avec ses chênes « majestueux et ses frondaisons touffues, à ce riant vallon « avec ses gazons veloutés, à ce coin de rivière avec son « écluse où les eaux, que frôle le martin-pêcheur, s'épandent « en longs filets d'argent, à cette île pleine de verdure où les « aulnes entremêlés abandonnent au courant limpide leurs « rameaux frémissants. Autour de vous, ce n'est que « bruits délicieux, que susurements pleins de douceur ; les « oiseaux gazouillent sous la ramée, les eaux murmurent « sur le rivage, les fleurs s'agitent en vous, jetant leurs « parfums humides. Ici le jour n'a point de repos ni la nuit

(1) L'abbé Félix Voisin, né à Issoudun en 1829, mort à Douadic dont il fut curé pendant 35 ans, le 20 Décembre 1891, fut l'un des archéologues et des épigraphistes les plus éminents du département de l'Indre. On lui offrit même, sans succès, le poste si envié de directeur du séminaire de Saint-Louis des Français à Rome. Il a laissé différents ouvrages locaux très estimés.

« de silence ; tout résonne, tout babille, tout enchante l'esprit « et le corps. Les Grecs, si passionnés pour la belle nature « et les sites enchanteurs, auraient fait de ces beaux lieux la « demeure d'une nymphe, d'une naïade, d'une déesse » (1).

Sur le flanc escarpé du coteau que nous avons décrit, en plein milieu d'un taillis touffu, se trouve caché aux regards, par la végétation luxuriante, un monument funéraire gallo-romain.

C'est là, paraît-il, par sa grandeur et sa disposition, la sculpture la plus curieuse et la plus intéressante de tout le centre de la France. Telle est, du moins, l'opinion de plusieurs membres très distingués de la Société Française d'Archéologie, entre autres, de M. R. Movrat, l'un des plus savants épigraphistes, d'un des anciens présidents de cette société M. de Cougny, de son distingué successeur M. Palustre, ainsi que l'attestent plusieurs lettres de ces éminents archéologues à l'abbé Voisin.

Ce monument, dans lequel on retrouve l'imitation grossière et naïve d'un portique classique, forme trois niches peu profondes, à fond carré de 75 centimètres de largeur sur 1 mètre 30 de hauteur : chacune de ces niches est occupée par une statue en bas relief.

La première statue, à gauche, couverte d'une longue robe qui descend jusqu'aux pieds, est en tellement mauvais état qu'il est impossible de lui donner la moindre attribution. La seconde, celle du centre, représente un homme nu-tête, vêtu d'une sorte de tunique arrivant à mi-jambes ; il porte dans

(1) Abbé Voisin, *Monuments gallo-romains du Département de l'Indre*, Châteauroux, Nuret, 1877, p. 39.

ses bras un petit animal qui paraît être un chien. Le troisième personnage, le mieux conservé, est une femme. Ses cheveux sont roulés au sommet de la tête en un large bourrelet, et, par derrière, pendent sur le col en tresses arrondies. Une longue robe descend jusqu'à ses pieds et, de la main droite, elle tient, devant elle, un vase en forme d'aiguière. A côté d'elle. une petite stèle supporte un chien assis dont la tête est brisée.

Au pied du monument, se trouve une cavité oblongue exactement de la forme et de la longueur d'un sarcophage ; nous pensons qu'elle fut creusée jadis par des gens qui, ne sachant pas que les Romains avaient l'habitude d'incinérer les morts, s'imaginèrent trouver là des restes humains et peut-être des trésors.

Une large frise, que couronnait probablement autrefois un entablement, une corniche quelconque, ainsi que l'exigeait l'ordonnance architecturale du monument, surmonte les figures. Cette frise portait une inscription aujourd'hui presque complètement disparue, mais qui, lors de la visite de l'abbé Voisin, en 1873, laissait encore déchiffrer assez facilement ces mots :

DIS. MANIB.
MONIME. CESTI. F.
.B... DV ILLE. VXSORI.
SVE. ET..LIE.ETALTERE
...LLIE QVE VOCATVR

Par l'examen des lettres, le savant épigraphiste croit qu'on peut, sans témérité, attribuer ce curieux monument au IIe siècle de l'ère chrétienne et que la consécration aux Dieux mânes DIS MANIB. atteste que l'on est là bien certainement en présence des effigies de trois défunts dont le reste de l'inscription énumère les noms et les degrés de parenté.

A la suite de savantes déductions, malgré les lacunes et les solécismes qu'offre le texte, l'abbé Voisin suppose : « qu'un personnage inconnu dédia ce monument à la mémoire « de sa femme, Monime, fille de Cestus, et à ses deux filles, « toutes deux nommées Julie, la dernière avec un surnom « qui la distinguait de sa sœur ».

Le baron Kervyn de Lettenhove, célèbre historien belge qui eut occasion d'étudier le monument de Rochefort, quelques années après l'abbé Voisin, donne la solution suivante de l'inscription : *Hoc monumentum Cestius fieri voluit sibi, uxori suæ et alteræ filiæ, quæ vocatur....* Cestius a voulu que ce monument fût élevé à sa mémoire, à celle de son épouse et à celle de son autre fille nommée.....

Nous allons maintenant quitter le domaine de la science pour entrer dans celui de la légende : voici comment les gens des environs prétendent expliquer l'origine de ces sculptures.

Dans les anciens temps, un voyageur, un artiste peut-être, accompagné de sa femme et de sa fille, suivait le bord de la rivière pour se rendre au Blanc ; deux chiens folâtraient autour d'eux. Arrivés en face du village de Bénavent, les voyageurs voulurent traverser la rivière en passant au gué de Mijault qui leur avait été indiqué. Mal renseignés, les malheureux, s'écartant du bon chemin, furent surpris par le courant : les deux femmes se noyèrent, ainsi qu'un des chiens qui avait vainement tenté de les arracher à la mort.

Pour éterniser le souvenir de cette catastrophe, exactement en face de l'endroit où elle s'était produite, l'artiste inconsolable sculpta dans le rocher la figure de sa femme et celle de sa fille ; près de cette dernière, il représenta le chien, victime de son dévouement. Enfin, il plaça sa propre image entre celles des deux êtres chéris que la mort venait de lui ravir, pressant dans ses bras l'autre petit animal, désormais son seul compagnon de voyage.

Quoiqu'il en soit, réalité ou légende, ce monument est devenu pour les paysans des environs un lieu de pélerinage ; ils croient que c'est là le tombeau d'un saint personnage qu'on nomme le bon Saint-Fleuret (1) *On y fait son voyage pour les ouailles* (2).

Nombreux sont encore les bonnes gens qu'on voit, *le 1er mai, avant le lever du soleil*, conduire leurs moutons au tombeau du saint, afin que celui-ci, par ses puissantes prières, daigne conjurer *les sorts* que des voisins malveillants pourraient jeter sur le troupeau.

Les pélerins déposent ensuite, au pied du prétendu tombeau, quelques pièces de monnaie que des gens peu scrupuleux ou moins crédules s'empressent de faire disparaître le lendemain.

Aujourd'hui, à quarante ans d'intervalle, ce monument n'est plus, à beaucoup près, dans l'état de conservation où

---

(1) D'après les Bollandistes, Floret, Fleuret, Flouret, Floregius fut évêque régionnaire de la contrée d'Auvergne ; à son retour de Rome où il était allé pour recevoir les instructions du pape afin de combattre l'arianisme, il mourut à Estaing, petite ville du diocèse de Rhodez. On reporte l'époque de sa mort au VIIe siècle. Il est invoqué dans le Rouergue pour les maladies d'entrailles. Du Broc de Segange, *Les saints patrons des corporations*, Paris, Bloud, s. d. T. II, p. 3.

(2) C'est-à-dire son pélerinage pour les moutons, coutume superstitieuse du Berry. Voir Laisnel de la Salle, *Croyances et légendes du centre de la France*, Paris, Chaix, 1875, et Cte Joubert, *Glossaire du Centre de la France*, même éditeur, 1864.

il se trouvait lors de la visite de l'abbé Voisin ; encore deux fois ce laps de temps et il n'en restera peut-être plus rien. Les intempéries des saisons, l'envahissement de la mousse et des racines qui rampent et pénètrent dans les moindres replis des sculptures, tout cela joint à l'abandon des vieilles croyances religieuses aura détruit à jamais la mémoire de Monime, de Julie et jusqu'à celle du bon Saint-Fleuret.

Deuxième Partie

LE PRIEURÉ DE BÉNAVENT

I. Description architectonique.
II. L'Abbaye de Méobec.
III. La Guerre de Cent ans et les Routiers
du XVe siècle. — IV. Guerres de
la Réforme. — V. La Commende et les Prieurs.
VI. Réunion au Chapitre de Québec.
VII. La Révolution.

I

Le village de Bénavent (1), situé sur la rive droite de la Creuse, à cinq kilomètres du Blanc, est aujourd'hui l'agglomération la plus importante de la paroisse de Pouligny-Saint-Pierre.

Son origine est fort ancienne et il faut remonter à l'époque gallo-romaine pour la trouver. Son nom même, *Bonus adventus*, bonne ou heureuse arrivée, à peu de distance de la ville, indiquant si bien le terme du voyage, n'en est-il pas l'indice. Cette assertion paraîtra d'autant moins imprudente qu'on trouve un peu plus loin une appellation identique : sur la route d'Argenton au Blanc, à un kilomètre environ de cette ville, on rencontre le village d'Avant *(Adventus)*, qui ne peut signifier autre chose que l'arrivée.

La voie romaine de Tours au Blanc passait à Bénavent.

« De Tours *(Cœsarodunum)*, dit l'abbé Voisin, cette route

(1) Autrefois *Biennavant*, *Biennavent*, *Bienavent*, *Benavant* et même *Bénévent*.

« se dirigeait vers Port-de-Piles sur la Creuse et, de là, se « divisant en deux sections, tendait d'un côté vers Poitiers « par Ingrandes-sur-Vienne *(Ingorandîs)*, Antran *(Interamnis)*, Cenon *(Sanno)*, et Jaulnai *(Jelnacum)*; de l'autre, « vers Le Blanc, en côtoyant la Creuse par La Haye-« Descartes, et à travers les communes d'Abilly, de La « Guerche, de Barrou, de Chambon, de La Roche-Posay, « Yzeures et Tournon.

« A Tournon, la voie entrait sur le département de l'Indre, « passait probablement par les jardins de l'abbaye de « Fontgombault, puis, s'élevant au-dessus du village sur le « sommet du côteau, traversait le territoire de Pouligny-Saint-« Pierre, à gauche de Bénavent, de Mont-la-Chapelle, et « venait se relier au Blanc, en bas de la rue du Gué, à la voie « de Poitiers, à l'endroit où cette voie traverse la Creuse (1) ».

D'ailleurs, sans parler du monument funéraire de Rochefort, on trouve encore fréquemment, dans la campagne avoisinante, de nombreux vestiges de l'occupation romaine : fragments de tuiles à rebords, pièces de monnaie, restes de fours et débris de murailles.

Au centre du village, se trouve une ancienne chapelle, faible reste d'un prieuré qui fut jadis important. Cet édifice est en assez bon état de conservation ; on y célèbre encore la messe, lors de l'inhumation des défunts du village dans le petit cimetière attenant.

Il faudrait une plume plus autorisée que la nôtre pour décrire ce monument suivant les règles de l'art ; nous allons tenter néanmoins de le faire.

---

(1) *Statistique monumentale et historique de l'arrondissement du Blanc*, Tours, Bouserez, 1874, p. 65 et 66.

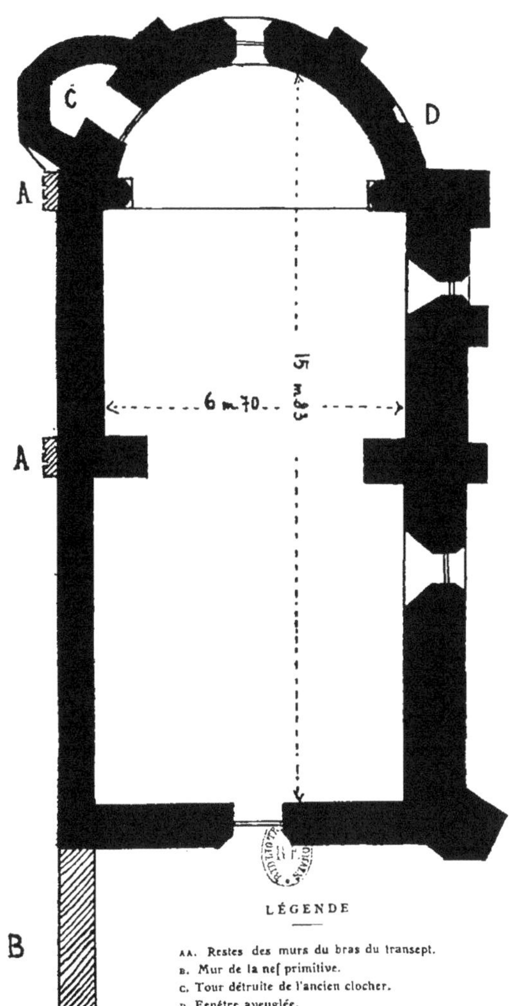

LÉGENDE

AA. Restes des murs du bras du transept.
B. Mur de la nef primitive.
C. Tour détruite de l'ancien clocher.
D. Fenêtre aveuglée.

La chapelle est *orientée* (c'est-à-dire que l'abside est à l'est et le portail à l'ouest), ainsi que le sont presque toutes les églises anciennes, sauf dans certaines villes ou la disposition du terrain n'a pas permis de l'établir.

Actuellement, la chapelle de Bénavent se compose d'une abside voûtée en cul-de-four, d'un transept dont le bras nord a seul existé, et d'une nef plus basse que le reste de la chapelle, reconstruite postérieurement.

La construction paraît dater de la première moitié du XIIe siècle, du moins pour l'abside et le transept, car de la nef reconstruite en 1508, comme on le verra plus loin, il n'a dû subsister que peu de choses.

L'abside seule a conservé sa voûte primitive ; soutenue par des contreforts peu saillants, elle était éclairée autrefois par d'étroites fenêtres en plein cintre. Une seule de ces fenêtres, celle du chevet, agrandie, l'éclaire actuellement ; une autre, visible de l'extérieur, a été aveuglée.

A l'intersection de l'abside et du transept, du côté de la maison du prieur, est accolée une tour découronnée qui fut peut-être autrefois le clocher, et au pied de laquelle était une porte, aujourd'hui condamnée, donnant accès de ce côté dans la chapelle.

Le transept s'étendait primitivement au nord, comme il est facile de s'en rendre compte de l'extérieur, où un grand arc doubleau en plein cintre actuellement muré, est encore visible dans la cour des bâtiments adossés à la chapelle. L'amorce des murs ruinés n'a pas été ravalée et laisse voir clairement le prolongement qui a dû exister dans cette direction. Au sud, où le transept ne dépassait pas les côtés de l'abside et de la nef, le pignon était percé de quatre fenêtres superposées deux par deux et séparées extérieurement dans la hauteur, par un des trois contreforts qui épaulent le pignon.

Le transept semble ne pas avoir été voûté primitivement ; s'il l'a été, soit en berceau, soit par une voûte en bois, cette voûte était beaucoup plus élevée que celle qui existe actuellement.

Au xve siècle, époque où vraisemblablement le bras nord du transept fut détruit et condamné, la voûte primitive fut remplacée par une voûte d'ogive qui fut établie entre les deux étages de fenêtres. Une des deux fenêtres inférieures, au midi, fut aveuglée, l'autre remaniée et agrandie ; les deux ouvertures supérieures furent sans doute toutes deux murées ; actuellement, une seule l'est encore et est percée d'une *archère* (1), exemple de défense d'une église qui mérite d'être signalé.

Au-dessus du contrefort central, dans la pointe du pignon, deux fenêtres géminées, qui paraissent dater de la construction primitive, aèrent la charpente ; dans celle de droite a été placée une cloche.

Cette cloche, dans un parfait état de conservation, porte l'inscription suivante :

MESSIRE JACQVES DE BEAVVAV CHEVALIER
ET DAME RENÉE DAPCHON SON ESPOVSE MONT NOMMÉE RENÉE
LE 6 OCTOBRE 1611.

Nous avons cherché à identifier ces personnages et à voir quelles circonstances avaient pu les amener à devenir parrain et marraine de cette cloche, dans une localité aussi

(1) *Archère.* — Ouverture par laquelle l'assiégé pouvait lancer une flèche, un carreau d'arbalète, envoyer une balle de couleuvrine, tirer un coup de mousquet.

éloignée de l'Anjou, province originaire de l'illustre maison de Beauvau.

Voici ce que dit d'eux une ancienne généalogie : « *Jacques de Beauvau, deuxiesme du nom, chevalier, gentilhomme ordinaire de la Chambre du Roy, sous-lieutenant de la compagnie de deux cens hommes d'armes que le Roy entretient soubz le nom de la Royne, sa mère, seigneur du Rivau et baron de St-Cassien, estoit fort jeune lors du décès de messire Jacque de Beauvau, premier du nom, son père. Mais parvenu en âge plus avancé, il se monstra vrai héritier des biens, du courage et de la vertu de ses prédécesseurs. Les premières années de sa jeunesse furent employées aux voyages d'Italie et de Naples, d'où estant de retour et pendant le calme de la paix, il fut nourry et eslevé dans la cour du roy Henry le Grand, et depuis, en celle du roy Louis le Juste ; ayant pendant les mouvemens advenus soubz le règne de sa Majesté, toujours demeuré dans le devoir de l'obéissance et de la fidélité et par deux fois levé de belles troupes pour le service de ce grand prince. Le mesme seigneur du Rivau espousa en premières noces Renée d'Apchon, fille unique de Charles, seigneur d'Apchon, premier baron de la Haute-Auvergne et de Louise de Chastillon de la maison d'Argenton* (1). *Mais estant décédée au château du Rivau, l'an 1612, au mois de juillet, sans laisser enfans, il s'allia en secondes noces avec Isabel de Clermont, fille de Messire Charles-Henri, comte de Clermont et de Tonnerre et de Catherine Marie d'Escoubleau, son espouse, laquelle maison de Clermont, illustre non seulement en ce*

(1) Argenton en Touraine, du côté de Chinon et de Bourgueil. Voir dans Lachesnaye des Bois, l'article — *Argenton*, ibid. l'article — *Châtillon*.

royaume, mais en Sicile, est parvenue à un si haut degré de splendeur, que Ladislas, roy de Naples (issu des princes d'Anjou, branche du sang royal de France), y prit aussy alliance par mariage. Jacques de Beauvau comme son père, brisa l'escu de Beauvau d'un baston d'azur péry en bande. Sa première femme porta de mesme party d'or, semé de fleurs de lys d'azur, qui est Apchon. La seconde porta aussy de mesme, party de gueulles à deux clefs d'argent passées en sautoir, qui est Clermont Tallard (1) ».

Comme complément à ces informations, Beauchet Filleaux nous apprend que Jacques de Beauvau fut lieutenant général en Poitou et gouverneur de Châtellerault.

De son second mariage avec Isabeau de Clermont, il eut onze enfants : 1° Jacques, troisième du nom ; 2° Pierre-François, évêque de Sarlat, mort en 1701 ; 3° Joseph, reçu chevalier de Malte en 1650 ; 4° Louis, reçu chevalier de Malte en 1651 ; 5° Claude (tous les trois morts jeunes) ; 6° Henri, bénédictin. Ses filles furent : 1° Françoise, mariée à Jacques de Voyer, vicomte de Paulmy ; 2° Madeleine, mariée d'abord à Denis Thevin, puis à Antoine du Bellay, seigneur de la Combe ; 3° Antoinette, religieuse à Saint-Paul ; 4° et 5° Catherine et Marie, mortes en bas âge (2).

Les Beauvau, ou tout au moins les branches de cette noble famille habitant le Poitou, avaient quelques attaches avec notre pays. En tous cas, ils vinrent en Berry vers le milieu du XVIe siècle, par suite du mariage d'André

(1) *Histoire généalogique de la maison de Beauvau, justifiée par tiltres historiques et autres bonnes preuves, par Scevole de Sainte-Marthe frères advocats en Parlement, historiographes du Roy.* — Paris. Jean Laquehay MDCXXVI. Bibl. nat. L. 3 m. 58.

(2) *Dictionnaire historique et généalogique des familles du Poitou. N[lle] Ed.* Poitiers. Oudin. 1891. — T. 1. p. 393.

de Beauvau de la branche de Précigny de Pompéau avec demoiselle Philippe de Naillac, héritière des seigneuries de Roches, Prigny et Rollenier, près Concremiers (1).

A la fin du XVIe siècle, la propre sœur de Jacques de Beauvau, Louise, épousait François, baron de la Groye, maréchal des camps et armées du roi, de la branche des d'Aloigny du Poitou, proches parents des seigneurs de Rochefort (2).

Telles sont les raisons de famille ou tout au moins de voisinage qui nous semblent avoir amené Jacques de Beauvau et Renée d'Apchon, son épouse, à faire don de cette cloche à la chapelle de Bénavent.

La nef de la chapelle, dont il devait rester peu de choses au commencement du XVIe siècle, a été voutée à cette époque ; c'est alors que furent construits le portail du pignon ouest et le contrefort qui épaule l'angle sud-ouest de la nef. La fenêtre qui l'éclaire au sud, fut comme celle du transept, très agrandie, l'ébrasement intérieur évasé et le cintre très surbaissé. De plus, on remania l'arc qui sépare l'abside du transept.

Les modifications apportées aux fenêtres, assez maladroites si on les compare à l'exécution des travaux de 1508, (voûtes d'ogive de la nef) font supposer qu'elles sont plus récentes et on doit en conclure qu'à la suite d'une seconde ruine, la chapelle du prieuré dut être encore remaniée à la fin du XVIe siècle, mais cette fois par un architecte beaucoup moins habile que son prédécesseur.

---

(1) Archives du château de Roches, aujourd'hui propriété du baron H. de Villeneuve.

(2) Voir Beauchet Filleau. — *Dictionnaire historique et généalogique des familles du Poitou. N[lle] édition.* (Poitiers. — Oudin. 1891). T. I. p. 53 et 393.

A l'intérieur de la chapelle, dans le mur de la nef, à gauche, a été scellée anciennement une pierre portant une intéressante inscription en vers hexamètres et en caractères gothiques, d'une lecture assez difficile.

« Le style de cette inscription, dit l'abbé Voisin, curieux « reflet du temps, en est d'un pathos et d'une emphase « tellement superbes qu'il serait vraiment dommage de ne « pas transcrire ce chef-d'œuvre » (1).

Dum pia veriloqui recto lux ordīe xp̄i
mille quater binos qūigētos ibat ī ānos
frāciscus morelū (quē iure licencia sacro
ornat) (quiq; prior tēpli p̄sētis habet':
curatus q; polygneÿ quā sedulus) istud
cōspicuum posuit spirāti numiē sacrū
ergo panōpheum mundi ples chara tonātē
abluat ut culpas) divinis flecte camenis (2)

« Alors que la pieuse lumière du Christ véridique, suivant « son cours ordinaire, versait ses rayons sur l'année mille « cinq cent et quatre deux fois répétés, François Morelon que « décore le grade de licencié en droit canon, prieur de « ce temple et curé bien dévoué de Pouligny, a fondé « (reconstruit) ce temple remarquable, eu l'honneur de la

(1) Loc. cit. p. 36.

(2) *Dum pia lux Christi veriloqui ibat recto ordine in annos mille quingentos quater binos, Franciscus Morelonus quem licencia jure sacro ornat quique prior templi presentis, habetur, curatusque quam sedulus Poligneï, posuit istud cumspicuum sacrum spiranti numini. Ergo chara* (cara) *plebs mundi, flecte divinis camenis tonantem Panopheum ut abluat culpas.*

« divinité expirante. Donc, peuple cher, fléchis par tes chants « divins, le Dieu tonnant, pour qu'il daigne effacer tes « fautes ».

Un bénitier circulaire, portant la date de 1625, est encastré dans la muraille à droite de l'entrée.

Extérieurement, la façade nord de la chapelle est presque entièrement masquée par les restes de la maison où résidait autrefois le prieur. Cette maison devait être assez importante et comporter plusieurs corps de bâtiments si l'on en juge par de vastes caves voutées (1) qui devaient certainement dépendre du prieuré et qui se trouvent sous des constructions modernes voisines.

Dans les piédroits modernes d'une grange qui a été accolée à l'ancienne tour du clocher, on a utilisé deux pierres sculptées provenant certainement de la démolition du transept. Ces pierres semblent dater du commencement du XIIe siècle : sur l'une on voit l'agneau avec une face humaine, sur l'autre un oiseau symbolique. Ces deux sculptures sont d'ailleurs d'une exécution assez grossière.

Sur le sol de la chapelle, on remarque plusieurs pierres tombales sans inscriptions ; l'une d'entre elles qui nous parait dater du XVIe siècle, est décorée d'une croix en relief dont la base est en forme de cœur. La tradition populaire rapporte que sous cette pierre repose un chevalier revêtu de son armure.

D'autres dalles tumulaires disposées dans leur longueur forment le premier degré de l'abside, sur l'une d'elles, à défaut de nom, on lit la date ee 1652.

---

(1) Ces caves étaient utilisées à l'époque déjà ancienne où les coteaux de Bénavent étaient couverts de vignes.

Jusqu'à la fin du XVIIIe siècle, on dut enterrer les notables du village dans la chapelle de Bénavent. Les dernières personnes inhumées là, furent : en 1700, les deux filles de M. de la Coudraye, fermier du revenu du prieuré ; en 1763, Antoine Rabault, bourgeois, employé dans les fermes du roi, et une de ses filles, Madeleine, morte à 27 ans.

A la porte de la chapelle, se trouve une *pierre des morts* (1) décorée d'une croix en relief, et sur laquelle on peut lire l'inscription suivante : LE 9 APVRIL LAN 1551 GIT VALANTIE LEFESVRE - ANTOINE LEFESVRE - LE SEPTAMBRE JEÁN LEFESVRE - GERMAIN LEFESVRE.

II

Le prieuré de Bénavent était, dès le début du XIIe siècle, une *obédience* de l'abbaye bénédictine de Méobec (2) ; la plus ancienne mention historique qui en soit faite, se trouve dans une bulle du pape Alexandre III, datée du 11 janvier 1174, par laquelle ce pontife prend sous sa

---

(1) Grande table de pierre surélevée qu'on trouve à la porte de presque toutes les églises de campagne du Berry. C'est là qu'on dépose lors des enterrements de dernière classe les cercueils que les porteurs ont été chercher dans le village. Dans les enterrements de première classe le curé allant faire la levée du corps au domicile du défunt, les porteurs entrent directement dans l'église. On se servait aussi autrefois de ces pierres pour les harangues et les publications officielles. Laisnel de la Salle voit dans ces pierres qui affectent la forme d'un véritable dolmen, une trace du culte druidique.

(2) Méobec, autrefois Méobecq, village de la Brenne, canton de Buzançais, arrondissement de Châteauroux, situé à 34 kil. de Bénavent. Arch. *de Milbecco*, 632. — *Millebeccenses monachi*, 1121. — *Santus Petrus Millebecii*, 1183. — *Abbas Millecensis*, XIVe siècle.

protection le monastère de Méobec, et en énumère les biens, entre autres l'église de Saint-Pierre de Pouligny et le prieuré de Bénavent : « *Ecclesiam Sancti Petri de Poligniaco cum capella Sancti Petri de Benevento* ».

Le sort du prieuré de Bénavent ayant été intimement lié dans le passé à celui de l'abbaye de Méobec, sa mère, nous ne croyons pas inutile de faire ici un bref historique des origines de cette dernière, renvoyant ceux de nos lecteurs qui en voudraient approfondir l'histoire, à la brochure du Dr Gaudon (1) et surtout à l'étude " définitive " que M. Eugène Hubert, l'éminent archiviste du département de l'Indre a consacré à Méobec, dans son bel ouvrage en cours de publication, le *Bas Berry* (2).

« Le Moyen Age, dit Desplanque, avait couvert le Bas Berry « comme la France entière de fondations religieuses. Huit « abbayes Bénédictines, sans compter une infinité de prieurés « du même ordre, douze chapitres ou communautés Augus- « tiniennes, trois couvents de Fontebraudistes, trois de « Cisterciens, quatre de Cordeliers, tel était réparti entre « les différents instituts, le chiffre total des établissements « monastiques qui existaient au commencement du XVIe « siècle, dans la circonscription actuelle du département de « l'Indre (3). »

Plusieurs de ces maisons jouissaient d'un passé dont elles

(1) *Histoire des abbayes royales de Méobec et de Saint-Cyran.* — Châteauroux. Majesté, 1880.

(2) Le *Bas Berry. Histoire et archéologie du département de l'Indre.* Paris. Picard, 1908. 3e fasc. p. 489 à 522.

(3) *Essai sur les vicissitudes des institutions monastiques dans le Bas Berry* : Mémoire inséré dans le *Compte-Rendu des travaux de la Société du Berry.* Paris. Chaix. s. d.

pouvaient à bon droit s'enorgueillir ; parmi celles-ci, on peut citer en première ligne, l'abbaye de Méobec, de l'ordre de Saint-Benoît.

Que l'on jette les yeux sur tous les monuments que les siècles passés ont laissé dans nos contrées, il n'en est aucun qui reporte nos souvenirs à des temps plus reculés. L'époque de la fondation du monastère de Méobec remonte, en effet, jusqu'aux temps mérovingiens, on peut donc dire qu'il a été une des sentinelles avancées de la civilisation. Or « quiconque « est avec la civilisation doit être au Moyen Age avec l'Église « et avec les moines, milice de l'Église », dit Littré, qu'on ne saurait accuser de cléricalisme, dans son *Etude sur les moines d'Occident.*

En effet, à la chute de cet empire, les Barbares se répandirent comme des torrents dévastateurs dans toutes les contrées de l'Europe ; ces peuples grossiers n'avaient que du mépris pour les monuments de l'esprit humain. Partout où ils passaient, ils ne laissaient derrière eux que ruine et dévastation.

A cette époque, quels sont les hommes qui se sont opposés comme des blocs d'airain à l'envahissement de la barbarie, quels sont les travailleurs infatigables, qui, à une époque où l'imprimerie était encore inconnue, ont conservé le précieux héritage des lettres, des sciences et des arts ? Ce sont les moines, et particulièrement les moines de l'Ordre de Saint-Benoît — l'institut Bénédictin n'avait-il pas, dès avant le concile de Constance, initié aux connaissances humaines, 24 papes, 700 cardinaux, 22.000 évêques, sans compter des générations de clercs et de séculiers.

Les monastères, si nombreux en France à cette époque,

étaient des asiles sacrés où les hommes du cloître, débarrassés des fatiguants détails de la vie, ne songeaient plus qu'à augmenter le patrimoine intellectuel. L'écrivain composait des chroniques, l'antiquaire copiait des manuscrits pour enrichir la bibliothèque du monastère ou transcrivait de vieux actes usés par le temps ; l'artiste plongé dans le calme et le silence de sa cellule, exécutait ces précieuses miniatures encore si fraîches aujourd'hui, qu'il destinait à orner les missels et les livres d'heures. En un mot, c'est dans ces retraites respectées que se préparaient au sein d'une laborieuse tranquillité, les armes de l'intelligence qui, avec le temps, devaient servir à vaincre la barbarie et à faire triompher la civilisation.

« Que l'on déploie la carte de l'ancienne France, s'écrie « Montalembert, quelle est la ville qui n'ait été fondée ou « enrichie ou protégée par quelque communauté. Quelle est « l'église qui ne lui doive un patron, une relique, une pieuse et « populaire tradition? S'il y a quelque part une forêt touffue, « une onde pure, une cîme majestueuse, on peut être sûr que « la religion y a laissé son empreinte par la main du moine. « Partout où on interroge les monuments du passé, non « seulement en France, mais dans toute l'Europe, en Espagne « comme en Suède, partout se dressera la mémoire du moine « et la trace mal effacée de ses travaux, de sa puissance et « de ses bienfaits, depuis l'humble sillon qu'il a le premier « creusé dans les landes de la Bretagne ou de l'Irlande, « jusqu'aux splendeurs éteintes de Cluny, de Melrose et de « l'Escurial ! »

Méobec est une preuve encore vivante des miracles enfantés au Moyen Age par l'association religieuse.

En effet, à l'époque où les premiers moines arrivèrent en Brenne (1), cette contrée était loin de ressembler au tableau riant qu'en trace l'acte de fondation de l'abbaye de Méobec (2) : « *Locus uberrimus pascuis pecorum ac jumentorum, irriguus decursibus aquarum, atque amenus venationi ferarum* ». Lieu de pâturage pour le gros et le menu bétail, arrosé d'eaux vives, et délicieux pour chasser les bêtes fauves (3). Le pays était au contraire hérissé de forêts entrecoupées de marécages et de vastes étendues de brandes.

Les moines se mirent courageusement au travail, défrichèrent les forêts, arrachèrent les brandes et retenant l'eau des marécages par des digues, créèrent des étangs. « Ils « trouvèrent ainsi, dit Dalphonse, dans le produit de ces « étangs, un moyen d'adoucir l'abstinence à laquelle ils « s'étaient condamnés (4) ».

On peut donc dire que les moines ont fondé cette industrie locale, industrie qui, après avoir longtemps prospéré,

---

(1) *Saltus Brione*, XIIe siècle. — *Boscus Brene*, XIIe. — *De Brene*, XIIIe. — *De Brenia*, XIIIe. — Partie du département de l'Indre, fameuse autrefois par ses forêts, ses brandes, ses marécages aux exhalaisons malsaines, ses sorciers. Depuis un siècle, la Brenne a été l'objet de grands travaux d'assainissement et de défrichement, au grand dommage des chasseurs à tir et à courre.

(2) *Arch. de l'Indre* H. 281. « Cet acte, dit M. Eug. Hubert, document apo-« cryphe, fabriqué vers le XIe siècle, est un curieux exemple de ces faux du « Moyen-Age, rédigés au nom des souverains, dans le but de donner du « prestige à un établissement qui pouvait ainsi se prévaloir d'une illustre « origine. » D'ailleurs les naïfs faussaires attribuent dans cet acte la fondation de l'abbaye à Dagobert Ier en 532, alors que ce prince régna cent ans plus tard.

(3) Lire à ce sujet l'intéressant livre de M. Jules de Vorys, *Dagobert en Brenne*. Châteauroux, Nuret, 1876.

(4) *Statistique du Département de l'Indre*. Paris, an XII, p. 97.

périclitait, mais semble devoir prendre maintenant un nouvel essor (1).

A la fin du XIIe siècle, l'abbaye de Méobec était à l'apogée de sa puissance temporelle ; sans compter une étendue considérable de terres et de bois l'avoisinant, elle possédait en Touraine neuf églises et deux prieurés et dans le diocèse de Bourges, seize églises et sept prieurés.

Parmi ceux-ci, Bénavent lui assurait un revenu appréciable. Dans le dénombrement fait le 20 août 1335 à l'archevêque de Tours par Jean, abbé de Méobec, pour les choses qu'il tient à hommage lige de ce personnage, nous trouvons « *le prieuré et le village de Biennavent et la justice dudit lieu, deux moulins à blé : 30 sous, un moulin à drap : 8 livres, 50 arpents de vigne, gagnage de 4 bœufs et 3 arpents de pré : 10 livres, terrages : 8 setiers de blé, 6 arpents de bois : les terrages de Jolliviaco : un muid (2).* »

Par le fait de sa possession du prieuré, l'abbé de Méobec exerçait à Bénavent la majorité des droits seigneuriaux. Parmi ceux-ci, la *justice* était le plus important car il entraînait un grand nombre d'autres, tels que ceux de *deshérence*, de *caducité*, de *bâtardise*, d'*épave* et surtout de *banalité des fours et des moulins*.

Nous demanderons au lecteur la permission d'insister sur ce dernier droit, car d'abord il est peu connu, et de plus il est spécifié dans la plupart des chartes relatives au prieuré (3).

---

(1) M. Jean de Tarade, ancien officier, compte appliquer à cette industrie, les procédés nouveaux de pisciculture employés avec succès en Allemagne et grâce à eux, décupler le rendement des étangs.
(2) *Arch. de l'Indre.* H. 302.
(3) Voir pièces justif. 26 à 78.

Le droit de banalité qui appartenait au seigneur haut justicier (1) consistait dans la prérogative qu'avait ce dernier de contraindre ceux qui demeuraient dans l'étendue de sa seigneurie, à faire moudre leurs grains à son moulin et de faire cuire leur pain à son four, moyennant une certaine redevance (2).

Ce droit était prohibitif, dans le sens que le seigneur *bannier* pouvait non seulement défendre à ses sujets d'aller faire moudre et cuire ailleurs, mais encore les empêcher, dans toute l'étendue de la banalité, d'avoir chez eux des moulins à bras, des fours à pâtisserie, et de construire des moulins à vent ou à eau.

Le droit de banalité, un de ceux qui furent les plus critiqués sous l'ancien régime, donna bien lieu à quelques abus, mais il nous semble avoir été, au moins à son origine, fondé sur le bon sens et l'équité.

« *En effet*, dit un ancien jurisconsulte (3), *ces banalités doivent leur origine à ces temps malheureux où tout le peuple étoit enveloppé dans une servitude générale : cet état qui lui enlevoit toute espèce de propriété dans les bois et les rivières, lui enlevoit pareillement tous les moyens nécessaires pour l'emplacement, la construction et le service des fours et des moulins ; il fallut donc que les seigneurs, seuls propriétaires des bois et des rivières, bâtissent des moulins et des fours, pour subvenir aux besoins et à l'impuissance de leurs justiciables.* »

---

(1) Cependant d'après certaines Coutumes, les seigneurs bas et moyens justiciers pouvaient en user sous certaines réserves.

(2) *Coutume de Berry*, tit. 16, art. 1 et 2.

(3) Renauldon, avocat au bailliage royal d'Issoudun. *Traité historique et pratique des droits seigneuriaux*. Paris. Despilly, 1765. p. 249.

L'établissement des banalités de fours et de moulins fut donc la réalisation du désir des seigneurs de soulager la misère de leurs sujets.

Ce droit survécut à l'affranchissement des serfs, mais fut subordonné à certaines conditions. Ainsi, plusieurs ordonnances des rois de France, notamment celle de 1629, défendent aux seigneurs d'assujettir leurs tenanciers à la banalité des fours, moulins et pressoirs, si les dits seigneurs ne sont fondés en titre, si l'utilité de ces établissements n'est dûment constatée, enfin, si le libre consentement de tous les justiciables concorde bien avec la volonté du seigneur.

D'ailleurs, même à l'époque du servage, le seigneur qui exerçait le droit de banalité, était tenu à certaines obligations envers ses sujets.

Le moulin banal devait, autant que possible, être situé au milieu (1) de la seigneurie et entretenu en bon état : « *S'il se trouvoit des moulins bannaux quarrés, les sujets pourroient en demander la démolition, par la raison que quand le moulin est à point quarré, quantité de farine s'arrête dans les coins, ce qui en fait perdre une partye* » (2).

Le seigneur bannier devait faire en sorte que les chemins et les routes conduisant au moulin fussent libres et praticables. Si, entre le moulin banal et la demeure des sujets la rivière n'était pas guéable, le seigneur devait y faire bâtir un pont ou y entretenir un bateau.

L'usage et presque toutes les Coutumes s'accordaient à

---

(1) Le moulin banal de Bénavent était situé à l'emplacement même du moulin moderne à cylindres de M. Mériot.
(2) Ibid. p. 258.

décider que le seigneur était tenu de faire moudre dans les vingt-quatre heures, les grains apportés au moulin (1).

Comme corollaire au droit de moulin banal, le seigneur exerçait, en Berry du moins, celui de *verte moutte*. Ce droit consistait dans l'obligation des vassaux qui ne résidaient pas sur le territoire de la seigneurie, à payer au seigneur une redevance égale à celle du grain qu'ils auraient pu consommer, s'ils y avaient résidé.

Quant au four banal, il devait comme le moulin, être tenu en bon état et construit autant que possible dans le milieu du bourg de la seigneurie.

« *Le fournier devait cuyre les pastes de pain blanc et bis aussi souvent que les sujets en avoient besoin* ».

Tous les fours furent vendus nationalement en 1791 pour le prix d'environ 2.000 livres chacun. Les acquéreurs continuèrent sans doute à les exploiter aux conditions anciennes, sans toutefois conserver le droit de monopole que la Révolution venait d'abolir.

La banalité de moulin à draps et à mailler le chanvre existait autrefois en Berry. La Coutume nous dit en effet, que : « *les gens de servile condition sont tenus d'aller fouller leurs draps aux moulins bannaux du seigneur* ». La culture du chanvre étant fort en honneur jadis aux environs de Bénavent, nous supposons qu'il devait y avoir un moulin *ad hoc* dans le village.

Quant aux autres banalités, telles que celles de *pressoir*, de *taureau bannier*, de *boucherie*, de *banvin*, de *blairie*, etc.,

(1) La Coutume de Tours et celle du Bourbonnais accordaient deux jours et une nuit au meunier.

bien qu'elles dussent exister à Bénavent, nous ne trouvons dans les chartes relatives au prieuré, aucune trace de leur application.

Pour terminer, disons que les gentilshommes, les curés, les prieurs, les communautés religieuses et, chose curieuse, les boulangers, habitant sur le territoire de la seigneurie étaient exemptés de banalité.

Le prieuré de Bénavent n'était pas le seul bien que l'abbaye de Méobec possédasse dans la région ; outre la cure de Pouligny, elle tenait à foi et à hommage le fief de la Roche Morlon et celui de Chêne Bertrand.

Il existe aux *Archives de l'Indre* une copie de trois aveux et dénombrements rendus par les possesseurs de ce dernier fief à l'abbé de Méobec. « En 1551, Bernard des Barres, « écuyer, seigneur des Teissonnières en ladite paroisse de « Pouligny, ledit fief de Chêne Bertrand, possédé du chef « de sa femme, damoiselle Nicole du Breuil, reconnaît devoir « à chaque mutation de seigneur et d'homme, un épervier, ou « à son défaut un demi écu d'or de la valeur de 13 sous et « 9 deniers tournois — en 1553, Jean Charpentier, seigneur « des Tessonnières, gentilhomme de la maison de feu le « cardinal de Lorraine, même redevance — en 1583, André « de Béthoulat, écuyer, seigneur de la Grange, redevance « d'un épervier (1) ».

---

(1) *Arch. de l'Indre*. H. 287.

III

Dans la description de la chapelle du prieuré, nous avons dit que cette dernière avait dû être ruinée deux fois et à des époques différentes, puisqu'elle porte les traces manifestes de deux reconstructions, ou plutôt de deux restaurations.

Quand la première destruction eut-elle lieu ? L'histoire ne le dit pas, et il faut en rechercher la preuve ailleurs que dans les documents écrits.

En dehors du style architectural, la date de 1508 portée dans l'inscription du prieur Morelon et qu'il nous indique comme celle à laquelle il reconstruisit l'édifice, nous servira de guide.

La première ruine du prieuré de Bénavent fut consommée pendant le cours du xve siècle, et dût avoir pour auteurs, soit les Anglais pendant la guerre de Cent ans, alors qu'ils ravageaient notre province, soit une de ces grandes compagnies qui, sous le nom de *Routiers, Cottereaux, Ecorcheurs* ou *Pourcelets,* vinrent à leur suite saccager le pays, laissant derrière elles, le meurtre, le pillage et l'incendie.

Examinons ces deux hypothèses.

Après la déplorable bataille de Maupertuis (ou de Poitiers) en 1356, et la prise du roi Jean le Bon (1), les Anglais, sous la conduite du Prince de Galles (2), se répandirent dans le Berry.

---

(1) La tradition veut que ce prince ait couché au Blanc (maison Voy), dans la Ville-Haute, en se rendant à Poitiers.

(2) Surnommé le Prince Noir, à cause de la couleur de son armure. Fils d'Édouard III, roi d'Angleterre.

Au plus fort de cette lutte qui menaça d'engloutir jusqu'à la nationalité française, tandis que le Poitou, son voisin, se jetait dans les bras de l'Angleterre, le Berry, qui devait bientôt rester le dernier fleuron de la couronne de France — les Anglais n'appelaient-ils pas, par dérision, Charles VII, le roi de Bourges — se défendait de son mieux contre les violences de l'étranger.

Pendant de longues années, ce sont dans la province, de nombreux combats, de continuelles dévastations. Le sénéchal de Poitou, James d'Audsley, ayant réuni une véritable armée de tous les barons et chevaliers de la province qu'il commandait, pénètre dans le Bas Berry, dévastant tout sur son passage.

Pour se faire une idée des procédés expéditifs de ce siècle de fer, il faut lire dans Froissart, entre autres déplorables excès commis par ces bandes furieuses, le sac du château de Brosse, près de Saint-Benoît-du-Sault : « *Si furent à ce iour et ce samedy au matin ceux de Breuse si fort assaillis et si continuellement, que finalement elle fut conquise et tantost furent pendus les seigneurs de l'ost, jusques à seize en leur harnast Si fut toute la ville arse et y perdirent les habitans et demourans tout le leur et encores en y eut grand foison de morts et de noyez.* » (1).

Vers le même temps, les Anglais, après s'être emparés de Châtellerault, de la Roche-Posay, de Saint-Savin et de Montmorillon, occupaient Sainte-Sévère, ville forte au bord

(1) *Histoire et chronique mémorable de messire Jehan Froissart reveu et corrige par Denis Sauvage historiographe du roy Henry deuxiesme de ce nom.* A Paris, chez Sonnius, rue Saint-Jacques, à l'enseigne de l'escu de Balle. M.D.LXXIIII. T. I, p. 331.

de l'Indre, dont une de leurs bandes avait fait le siège la nuit même où une autre surprenait le château de Belleperche, en Bourbonnais, et y faisait prisonnière la propre mère de la reine de France et du duc de Bourbon.

Pendant trois années, les Anglais et Jean d'Evreux, sénéchal de Limousin, en leur nom, occupèrent tranquillement Sainte-Sévère, et de là, ils multipliaient aux environs leurs excursions et leurs pillages.

Plus près de nous, ils s'étaient emparés de Bélâbre, du Blanc, de Chabris, de Briantes, de Buzançais et des forts du voisinage ; un de leurs capitaines, nommé Weres fit même une tentative pour surprendre Châteauroux, mais le vicomte de Villemur, prévenu à temps, le fit prisonnier, et il fut noyé par ses ordres (1).

Fatigué des plaintes de ses sujets, le duc de Berry se décida à porter ses doléances au roi Charles V. Celui-ci donna ordre à Bertrand du Guesclin, récemment devenu connétable et dont la renommée venait de grandir par son expédition d'Espagne, d'aller au secours de son frère Jean. D'ailleurs, dès le mois de Novembre 1369, le roi avait rendu à ce dernier, le comté de Poitou mais il était occupé par les Anglais et il fallait le reprendre.

Du Guesclin, qui était « *moult imaginatif, saige et fort subtil en toutes ses besongnes* », fut d'avis qu'il fallait se hâter de reprendre Sainte-Sévère, avant que son gouverneur, Jean d'Evreux, qui se trouvait alors à Poitiers en compagnie du Captal de Buch, Jean de Grailly, ait le temps de venir la secourir.

---

(1) La Thaumassière, *Histoire de Berry*, p. 524-525.

Après avoir reconquis Montmorillon et Montcontour, le connétable, à la tête d'une armée qui comptait dans ses rangs des personnages non moindres que les ducs de Berry et de Bourbon, le comte d'Alençon, le dauphin d'Auvergne, le maréchal de Sancerre, et le connétable Olivier de Clisson, se présenta devant Sainte-Sévère le 15 août 1372.

La place était défendue par trois capitaines anglais, William Percy, Richard Giles et Richard Hormes, auxquels s'étaient joints un grand nombre de chevaliers français félons et par une garnison de soldats éprouvés.

Après un siège mémorable qui dura deux jours, la ville fut emportée d'assaut. Du Guesclin donna la vie sauve aux Anglais, mais condamna les Français, pris les armes à la main, à être pendus (1).

« Au point du jour, dit Just Veillat, les Anglais admis à « rançon quittèrent Sainte-Sévère après avoir contemplé la « terrible hécatombe qui faisait plier les arbres du champ « Ageny. »

Car tant y en avoit et dessoubz et dessus
Que l'on ne savoit duquel y avoit le plus
Des feuilles ou des mors qui là furent pendus ! (2).

Après s'être reposé quelques jours, le connétable décida de marcher vers Chauvigny et de là sur Poitiers, ayant appris qu'un conflit survenu entre les partisans d'Angleterre et ceux de France, offrait une occasion unique de s'emparer de ces

(1) Lire à ce sujet *Duguesclin à Sainte-Sévère, chronique berrichonne du XIVe siècle*, par Just Veillat. Châteauroux Nuret 1853.

(2) *La vie du vaillant Bertrand du Guesclin*, par le trouvère Cuvelier, m. s. conservé à la Bibl. de l'Arsenal.

deux villes. Car, comme le fait observer Froissard : « *Ainsi en estoyent les affaires et les besongnes des Anglois entouillées en Poictou, les seigneurs et les chevaliers l'un contre l'autre, et y fouloit le fort le foible, et ne faisoit on droict ne loy ne raison a nully ; et estoient les fors et chastiels entrelacez les uns dedans les autres, les uns anglois les autres françois, qui couroient et racouroient et pilloient les uns sur les autres sans point de deport.* » (1)

Les familles elles-mêmes étaient divisées, le chroniqueur en donne ailleurs un exemple : « *le sire de Pons se tourna François outre la volonté de Madame sa femme et par ce demoura doncques la Dame Angloise et le sire François* » (2).

Sur les bords de l'Anglin, l'armée française rencontra la place forte de Bélâbre ; en 1370 le Prince Noir l'avait donnée à un de ses partisans du Bas-Berry, Guillaume Loube, seigneur de la Gâtevine. (3).

La ville était défendue par le capitaine anglais Pacqueron ; on somme la garnison de se rendre, elle hésite d'abord puis finit par ouvrir les portes — le 21 Juin (1373) le roi Charles V donnait et octroyait à messire Jehan de Pocquières : « *pour li, ses hoirs et aïans cause le chastel de Bel Arbre assis en Guyenne à trois lieues ou environ de Oblanc.* » (4).

(1) Loc. cit. p. 376.
(2) Loc. cit. même page.
(3) D'autres documents semblent indiquer que Bélâbre appartenait en 1372 à Perrichon de Naillac.
(4) *Arch. de l'Indre*, E 304.
Les descendants de Jehan de Pocquières conservèrent Bélâbre jusqu'à la fin du XVIe siècle. En 1589, Claude de la Tremoille s'en emparait et le donnait à son écuyer Jehan de Durfort qu'il fit nommer gouverneur par le roi Henri IV. En 1648 la terre de Bélâbre était saisie sur Armand-Léon de Durfort à la requête des demoiselles Bachasson de Châteauroux et achetée par Louis-Jacques Le Coigneux d'une famille de robe. La tradition veut que le cardinal de Richelieu ait fourni au président Le Coigneux les deniers nécessaires à cet achat pour prix de la condamnation à mort de Cinq Mars et de Thou. Bélâbre fut érigé en marquisat en 1650 et appartient encore à la famille Le Coigneux de Bélâbre, éteinte quant aux mâles.

Pendant que du Guesclin et son armée étaient campés à Bélâbre, un parti de cette armée, ayant à sa tête le chevalier Jean de Villeneuve s'emparait de la forteresse du Blanc et en délogeait le capitaine anglais, William Spiriliton.

La même année, au mois de décembre (1370) « le roi « Charles V faisait don aux frères Guy et Guillaume de la « Trémoille de la châtellenie, ville et château du Blanc, ayant « appartenu à leurs ancêtres, pour en jouir de la même « manière que Guillaume Guérault, seigneur des Bordes en « jouissait autrefois, nonobstant le don que ledit Charles en « avait fait au sieur de Villemar (1) ».

De Bélâbre, l'armée française chevaucha jusqu'au château d'Angles appartenant à un seigneur nommé Guichard qui fit également sa soumission : cette campagne se termina par la prise de Chauvigny, de Poitiers et la défaite du Captal de Buch et des Anglais à Chizé (21 mars 1373).

Malgré ces succès, accablés par le nombre des ennemis qui renaissaient de toutes parts, les princes français durent traiter. Les conditions onéreuses au prix desquelles ils obtinrent la retraite des Anglais de notre province furent arrêtées à Buzançais, au mois de novembre 1412. La guerre de Cent ans était loin d'être terminée ; pendant de longues années elle devait encore ensanglanter la France, mais à partir de cette date, le Berry cessa d'être le théâtre principal des hostilités.

Nul ne nous a transmis le détail des misères que le pays eut à endurer sous la cruelle domination anglaise. « *La guerre a été si particulièrement attachée à ce païs*, a pu dire

---

(1) *Arch. de l'Indre*, A p. 29.

un vieil auteur en parlant du Berry, *qu'il ne se peut dire qu'il n'y ait aulcune ville ou chastel qui n'ayt été assiégée, assaillie, battue, prinse et les unes doublement prinses ou reprinses, avec telle foulle, pillaige et oppression, que c'est chose exécrable et horrible.* »

Les populations roulaient par torrents vers les villes où la misère et l'effroi n'étaient pas moindres que dans les campagnes. Les monastères étaient abandonnés, les églises désertes ; les sanctuaires voyaient fuir de leur enceinte, les ministres frappés d'épouvante.

C'est peut-être à cette époque qu'eut lieu la première ruine de la chapelle du prieuré de Bénavent.

Après avoir souffert pendant si longtemps des déprédations commises par les Anglais, le Bas-Berry devait encore supporter de lourds sacrifices et subir de rudes tribulations.

« Il était sans cesse, dit Raynal, traversé et rançonné par « les troupes à la solde du roi de France, aventuriers de « toutes les nations, pilleurs intrépides, auxiliaires souvent « en révolte, et on peut malaisément se faire une idée des « désordres et des violences qu'on reprochait à ces Routiers « du xve siècle.

« Non seulement ils considéraient comme une proie abandonnée à leurs besoins et à leur cupidité le pauvre peuple « des campagnes, mais ils se livraient à toutes sortes de « sauvages fantaisies : loger leurs chevaux dans les églises « et les attacher aux autels, leur faire manger le blé en « herbe, démolir les maisons pour se chauffer avec les « charpentes, verser le vin et le grain dans les rivières, tuer « et torturer par caprice et sans utilité, tels étaient leurs « divertissements, et c'est ainsi qu'ils entendaient la noble

« liberté de l'homme de guerre. Les chefs braves et durs ne « valaient guère mieux que les soldats, et il ne faudrait pas « regarder de trop près à l'héroïsme de cette époque : on le « trouverait mélangé de trop de crimes et d'excès » (1).

Pendant l'été de l'année 1435, un capitaine espagnol, Rodrigue de Villandrando, comte de Ribadeo, l'un des plus redoutés et des plus heureux parmi les chefs de compagnies, et qui épousa successivement une bâtarde de Bourbon et une bâtarde de la Trémoille parut dans le Bas-Berry ; à son approche, les villes faisaient fermer les villes, démolir les maisons des faubourgs, réparer et garder leurs murailles : « *les gens d'armes et de traict de la compagnie de Rodrigo estant en ce païs* ».

On ne pouvait songer à détruire ces hordes malfaisantes par la force, il eût fallu pour cela pouvoir leur opposer une armée et comme cette armée eût été composée de gens semblables, les mêmes inconvénients se seraient représentés quand on n'aurait eu plus besoin de leurs services.

De plus, des subsides étaient nécessaires ; or, comment en lever sur des populations accablées par les maux et les misères de la guerre contre les Anglais.

A la grande rigueur, les milices bourgeoises encadrées par quelques chevaliers, auraient pu fournir un certain nombre de combattants ; mais qu'aurait pu faire une armée aussi peu aguerrie contre ces troupes redoutables. D'ailleurs, le souvenir de la journée de Brignais (2), où Jacques de Bourbon,

---

(1) *Histoire du Berry depuis les temps les plus reculés jusqu'en 1789.* Bourges, Vermeil 1844, T. III, L. VII, p. 31.

(2) Village sur le bord du Rhône où le connétable Jacques de Bourbon, comte de la Marche fut battu et tué par les Grandes Compagnies en 1321.

le comte d'Uzès et plus de cent chevaliers avaient perdu la vie, donnait à réfléchir.

Charles V avait bien cherché un expédient pour éloigner les Grandes Compagnies du territoire français. De concert avec le pape Urbain V, il essaya d'abord d'engager les chefs de bandes à entrer au service du roi de Hongrie, qui les emploierait à combattre contre les Turcs. Ils délibérèrent entre eux sur ces offres qu'ils refusèrent, ne voulant pas s'exposer aux périls d'un si long voyage. Le projet de les faire embarquer pour une croisade que le roi de Chypre sollicitait depuis longtemps, n'eut pas plus de succès.

Après le traité de Buzançais, le mal, loin de diminuer, acquérait tous les jours de nouvelles forces. Ce n'étaient plus seulement des voleurs et des aventuriers qui composaient ces bandes, on les voyait incessamment s'accroître par l'arrivée d'une infinité de chevaliers, de gentilshommes et même de seigneurs de distinction, qui, accoutumés à la guerre et se trouvant par la paix réduits à l'inaction, venaient chercher là une occupation conforme à leurs habitudes, sinon à leur rang et à leur naissance.

Parmi ceux-ci, on pouvait citer Jean de Laroche, chef d'une bande fameuse qui rançonna la ville du Blanc et ses environs (1).

Rodrigue de Villandrando revint dans le Bas Berry au printemps de l'année 1437 ; au mois d'avril, on le signalait à la Châtre ; la reine et la Dauphine qui se trouvaient à Tours lui écrivirent pour intercéder en faveur de la Touraine ; par galanterie, il promit d'épargner sa visite à cette province et

(1) *Arch. du Poitou.*

cependant il alla camper sur sa frontière, à Châtillon-sur-Indre. Une seconde lettre des princesses le décida enfin à s'éloigner et il emmena sa bande vers le Bourbonnais, pillant sur son passage les villes et les hameaux (1).

Après le départ de Villandrando, le Bas Berry goûta quelques années de répit, puis, de nouveau, les campagnes furent mises au pillage par des hordes de gens d'armes, renouvelant les exploits de leurs prédécesseurs.

« C'était sous l'ancienne monarchie, dit Raynal, un fléau « périodique à peu près comme la peste. Charles VIII ne « payant pas son armée, les soldats erraient par troupes « dans les provinces, ravageant les champs, enlevant le « bétail, déshonorant les femmes et les filles, pillant les « villes ouvertes et mal défendues ».

Les paysans du Berry leur donnaient le nom de *six mille diables,* se persuadant qu'ils étaient à la solde d'un ennemi mystérieux et puissant. Une de ces bandes malfaisantes mit à sac Neuvy-Saint-Sépulcre, tua quatorze chanoines et en blessa un plus grand nombre. Vingt ans plus tard, cette église qui sortait péniblement de ses ruines, était de nouveau pillée et Notre Dame de Vaudouan, sa voisine, dépouillée de ses riches ornements par six gentilshommes qui faisaient le métier de bandits. Et ce ne sont là que quelques traits pris çà et là au milieu des ruines du pays tout entier. Ces bandes redoutables mettant à profit les luttes de la féodalité contre le pouvoir royal sillonnèrent le Bas Berry jusqu'à la fin du xve siècle. C'est donc à l'une d'elles plûtôt qu'aux Anglais qu'il faut attribuer la première ruine du prieuré de Bénavent.

---

(1) Villandrando se retira dans le pays des Dombes, fief de l'empire appartenant au duc de Bourbon.

Quatre-vingts ans en effet s'écoulèrent entre la dernière apparition des Anglais dans la région du Blanc et la reconstruction de la chapelle par le prieur François Morelon, en 1508. Il n'est pas vraisemblable qu'une population aussi profondément religieuse que l'était celle de nos campagnes à cette époque, jouissant en outre du calme temporaire apporté par le traité de Buzançais et de plus soutenue financièrement par l'abbaye de Méobec, ait attendu un laps de temps aussi considérable pour voir relever les ruines de son sanctuaire.

IV

Après la guerre étrangère et les déprédations de ces bandes vagabondes, les guerres de religion devaient bientôt venir ajouter des calamités nouvelles à tous les malheurs du passé.

C'est durant cette période de l'histoire que la chapelle du prieuré de Bénavent fut sans aucun doute possible dévastée pour la seconde fois.

Pas plus que pour la guerre de Cent ans, nous n'avons la prétention de faire dans cette monographie une histoire des guerres de la Réforme en Berry ; ce sujet a d'ailleurs été magistralement traité par le vicomte de Brimont (1). Après un bref énoncé, nous nous bornerons à signaler les événe-

(1) *Le XVIe siècle et les guerres de la Réforme en Berry*. Paris, Picard 1905, 2 vol. in-8°.

ments qui, à cette triste époque, se déroulèrent autour de Bénavent, ou qui eurent leur répercussion sur le prieuré.

Peu de pays ont autant souffert des guerres de religion que le Berry où la Réforme fut accueillie avec enthousiasme et où, du reste, le Calvinisme prit naissance, car si depuis dix ans, les erreurs de Luther avaient pénétré dans le diocèse de Bourges, il ne faut pas oublier que c'est dans cette ville que Calvin, arrivé jeune étudiant en 1528, prononça ses premiers discours subversifs.

« En adoptant la nouvelle religion, dit le vicomte de « Brimont, les lettrés du Berry purent faire tout naturelle-« ment dévier leurs méthodes sceptiques du domaine de la « science dans celui de la foi et l'ont accueillie comme une « conquête de la raison ; les esprits plus austères de la « noblesse et de la bourgeoisie par écœurement des scandales « de l'Eglise ont cru y retrouver la restitution de l'Evangile « primitif débarrassé de la poussière des siècles ; le peuple « disposé par son inconscience à tous les changements a « suivi son attrait ordinaire pour la nouveauté ».

Ajoutons que bien loin de s'armer contre les violences commises de part et d'autre, les seigneurs du pays, petits et grands, et dont une bonne partie avait embrassé le protestantisme, les autorisèrent par leur exemple. Il est à remarquer que dans les guerres dites de religion, celle-ci fut un nom qui cachait des passions bien terrestres. La plupart des grands qui s'armèrent en apparence pour ou contre la Réforme voulurent s'opposer surtout à l'envahissement de l'autorité royale et ne pas laisser échapper ce qu'ils croyaient pouvoir sauver encore des droits de la féodalité.

La lutte prit dès le début un caractère terrible de passion et de haine, les soldats huguenots pillèrent et brulèrent avec méthode et régularité ; ils mirent dans le meurtre des recherches et des raffinements inconnus jusqu'alors.

« Rien ne fut épargné, car rien n'était sacré pour eux, dit « l'abbé Voisin, ni ces monuments splendides, la gloire des « âges écoulés, ni les chefs-d'œuvre de la sculpture et de « l'orfèvrerie, les modèles de l'art et du bon goût, ni les « restes vénérés de nos saints et de nos martyrs, de nos « grands hommes, nos exemples et nos modèles, l'éternel « honneur de la France ! Ils se faisaient un jeu cruel « d'insulter et d'outrager tout ce que l'homme a de plus « précieux et de plus cher. Et pourtant ils n'avaient pas « même dans notre Berry le prétexte de la représaille et de « vengeance : chez nous, ils furent toujours les agres- « seurs » (1).

Elle serait bien longue et bien douloureuse la liste de nos églises, de nos monastères, de nos chapelles, de nos communautés religieuses ou bienfaisantes pillées ou détruites dans ces temps à jamais déplorables.

En 1561, nous voyons les huguenots raser les églises de Sancerre (2) ; en 1562, ils pillent l'abbaye de Massay et les églises voisines, outrageant et massacrant les religieux (3) ; à Mehun, les prêtres sont l'objet des violences de la soldatesque, les églises sont pillées, les images saintes sont abattues ; à Bourges, ils tirent des milliers de coups d'arque-

---

(1) *Notre-Dame de la Mer Rouge et le Château du Bouchet.* Châteauroux, Nuret 1875, p. 66.
(2) Raynal. Loc. cit. T. VI, p. 26.
(3) *Arch. du Cher.* Fonds de Massay.

buse contre les précieuses sculptures de la cathédrale ; ils abattent avec des cordes les statues des saints, ils brisent les bas reliefs à coups de maillets et finissent par miner le majestueux édifice pour le faire sauter. Tout ce qui rappelle le catholicisme est arraché et foulé aux pieds. L'abbaye de Déols tombe en leur pouvoir en 1567 : elle est aussitôt saccagée (1). Les livres précieux, les ornements, les reliques, sont réduits en cendres, les statues mutilées, les cloches fondues, les orgues brisées. Ils dévastent l'abbaye de Massay à peine remise du pillage de 1562 et celle de Saint-Satur où ils massacrent le seul chanoine qu'ils y trouvent, Jean de la Perrine, octogénaire (2). Les ornements des autels, les vases sacrés, les reliquaires sont emportés, le clocher abattu, les cloches brisées, puis gorgés de pillage et précédés d'un âne portant un lutrin et des livres d'églises, ils parodient les chants catholiques et vont s'enivrer. Enfin les misérables forçant un religieux jusque dans son dernier refuge, l'enterrent tout vif, ne laissant dépasser que la tête qui sert alors de but aux joueurs de boules.

En 1569, le Bourg-Dieu (Déols) est incendié par un parti de huguenots commandés par le capitaine Briquemant, celui qui prenait plaisir à mutiler les prêtres qu'il avait massacrés et s'était fait, de leurs oreilles, un collier qu'il portait comme une parure (3).

Ils profanaient, pour les massacrer ensuite, les vierges saintes, les jeunes filles, les mères, jusque dans le sanctuaire de la famille, jusqu'au pied des autels. Plusieurs pères, un

---

(1) Grillon des Chapelles. *Notice sur l'abbaye de Notre-Dame de Déols*, Paris, Chaix 1857, p. 351.
(2) *Arch. du Cher.* Histoire manuscrite de l'abbaye de Saint-Satur, par le prieur Desmaisons.
(3) *Histoire de de Thon.* Trad. du Ryer III.

poignard à la main, préférèrent immoler leurs malheureuses filles plutôt que de les laisser tomber entre les mains du vainqueur.

« Il faut bien rappeler ces épouvantables scènes de carnage « et de débauche, ces féroces outrages à la foi catholique, dit « le vicomte de Poli, pour comprendre jusqu'où pouvait « aller la rage luthérienne et pour ne plus s'étonner de « l'expiation fatale mais juste de la Saint-Barthélemy » (1).

Ce fut seulement en 1569 que les premières bandes huguenotes firent leur apparition dans la région du Blanc, mais déjà auparavant cette ville et ses environs avaient eu beaucoup à souffrir des gens de guerre du roi qui, accompagné de la reine Catherine de Médicis sa mère *avoit tenu son camp quinze jours durant au Blancq, et ès parroisses circonvoisines.*

Pendant ces quinze jours, de la fin de mai au commencement de juin, les soldats du roi n'ayant pas reçu leur solde portèrent la terreur dans la campagne entre Le Blanc et Tournon.

L'abbaye de Fontgombault, qu'un sort plus terrible attendait peu de jours après, fut rançonnée.

Une compagnie s'était installée à Bénavent et elle traitait en pays conquis les métairies des religieux, rompant les digues des étangs pour en pêcher plus vite le poisson, emmenant les troupeaux, rançonnant sans merci les paysans. « *Après avoir consommé tous les fourraiges*, dit Andrieu, *les soldats couppèrent et feirent manger et gaster la plupart des bleds qui estoyent lors ensemencés* » (2).

(1) *Vaudouan*. Paris, Dupray de la Mahérie, 1865, p. 94.
(2) Dom Andrieu, prieur claustral et réformateur de l'abbaye de Fontgombaud, a composé, vers 1675, une histoire manuscrite de ce monastère. *Archives Nationales*, L. 1011.

A Fonterland, ils s'emparent de huit bœufs de charrue et de ce qui reste encore de bétail. Pour les racheter, les métayers sont forcés de leur donner six écus d'or : « *néantmoingts ils retiennent les deux plus beaux avec une vache et ung torin et six vingts chefs de moutons et brebis. A Décenè, ils ont emporté mille boicceaux de froment, quatre cens d'orge et plus de trente-deux pipes de vin sans compter deux grands pourceaulx qui valloient plus de vingt livres et cinquante à soixante brebis et moutons vallant plus de septante livres* » (1).

Au village de Baudressays dans la paroisse de Lingé, l'Etang neuf a été mis à sec et c'est pour le fermier une perte de deux cents livres. L'Etang Berluet près du village d'Aslon et deux autres moins importants ont été également desséchés par les soldats du roi qui, à plusieurs fois, rompirent les digues et emportèrent le poisson à pleines mains (2).

Au début des hostilités, le prince de Condé, chef des huguenots, craignant pour l'issue de la lutte avait, par l'entremise de Gervais Barbier, seigneur de Francour, chancelier du roi de Navarre, fait demander des secours aux luthériens d'Allemagne.

Wolfgang, duc de Bavière, Deux Ponts et Neubourg, répondit à cet appel et se mit en route, le 21 février 1569, à la tête d'une armée de 13.000 reîtres et lansquenets.

---

(1) Dom Andrieu. *Mémoyre soumis par Génitour Sablon fermier des domaines de la Bresne aux relligieux de Fontgombaud concernant les pilleries et volleries qu'ont commis es métayries et aultres lieux d'icelle ferme les gens de guerre du Roy pendant qu'il tenoit son camp au Blancq.*

(2) Arch. du Cher. *Mémoyre des ruines et démollicions faictes ès étangs de la Bresne de Fontgombaud par les gens de guerre durant les troubles derniers et mesme ès années 1569-70.*

Ces terribles soldats formés dans les guerres d'Allemagne et d'Italie étaient animés plus encore par l'espoir du butin que par les haines de religion.

La redoutable armée traversa l'Alsace, passa la Saône près de Montreuil, pilla l'abbaye de Citeaux et soutint à Gilly un combat acharné contre les troupes du duc d'Aumale. Vers le milieu du mois de mai, elle s'empara de la ville de La Charité et pénétra dans le Berry. Puyferrand, Cuzay, Orsan, Vaudouan, Pouligny-Notre-Dame, toutes les églises et les abbayes que rencontrèrent sur leurs pas les forcenés auxquels s'étaient joints un grand nombre de gentilshommes français appartenant à la religion réformée, furent mises à feu et à sac.

Le duc des Deux Ponts, qui comptait faire sa jonction avec l'amiral de Coligny en Saintonge, n'eut pas le temps de mettre son plan à exécution ; le 10 juin 1569, après une orgie, il succombait à une attaque de *delirium tremens*. Son armée se sépara en deux tronçons dont l'un descendit vers le Limousin et l'autre se mit en devoir de rejoindre les troupes du prince de Condé. Ce dernier était campé à Bénavent d'où il tenait en échec l'armée catholique commandée par le duc d'Anjou qui avait rejoint le roi son frère au Blanc.

Les escarmouches entre catholiques et protestants sont continuelles. Au mois d'août, ceux-ci mettent le siège devant l'abbaye de Fontgombault, déjà si éprouvée, comme nous l'avons vu plus haut, par les exactions des soldats du roi.

Rendus défiants par les évènements, les moines avaient fortifié le monastère. Les fenêtres de l'abside avaient été murées et percées de meurtrières, toutes les ouvertures sur la campagne étaient solidement barricadées. Les défenseurs ne manquaient pas, et avaient en réserve une quantité énorme de galets arrondis, destinés à être jetés sur les assaillants (1).

Un fortin, élevé à l'endroit le plus défendable, devait même servir de retraite aux moines en cas de surprise. Précautions inutiles, aux premières lueurs du jour, quand les assiégeants se présentèrent, ils ne trouvèrent plus personne.... pris de peur, les religieux s'étaient enfuis, pendant la nuit, au fond des bois (2).

Les protestants pénétrèrent dans la place non défendue, et après avoir mis de côté en lieu sûr, comme toujours, les objets précieux, ils allument partout l'incendie. Bientôt, au milieu des flammes, le clocher s'écroule, les voûtes s'effondrent et la grande nef longue de cent pieds se renverse, entraînant dans sa ruine, les piliers et les bas côtés.

Seule, la grande façade, avec son magnifique portail, resta debout dans toute sa majesté, comme un témoignage de la rage inepte de ses destructeurs !

Entre temps, l'armée protestante commettait, dans les environs de Bénavent, ses excès accoutumés ; du reste, il entrait dans ses plans de ruiner complètement la campagne, pour que l'armée catholique qui s'avançait, n'y put subsister.

Les églises de Ruffec, de Rosnay, de Lingé, de Pouligny-Saint-Pierre, sont incendiées ; les chapelles de La Hire, de Dessenet, de Fonterland et probablement celle de Bénavent, sont dévastées. A Douadic, les peintures murales du XIIIe

---

(1) Lors de la reconstruction de l'abbaye, il y a quelques années, nous avons vu un grand nombre de ces galets rangés symétriquement sur les voûtes des bas côtés.

(2) S'il n'y eut pas de résistance, on se demande pourquoi les huguenots déchargèrent leurs couleuvrines sur les murailles de l'église qui portent encore les traces de nombreux projectiles.

siècle sont lacérées à coup de pertuisanes et percées de balles. A Lureuil, le canon a jeté bas une partie du chœur ; à Lurais, sur la Creuse, le clocher est renversé et le chevet défoncé par les décharges de l'artillerie.

Les habitants se sont réfugiés dans les bois ou rasés dans les places fortes.

« Et cependant, dit l'abbé Voisin, les paysans ne se « laissèrent probablement pas toujours rançonner et mal- « traiter sans mot dire. Une vingtaine de cadavres, ensevelis « sans ordre et comme à la hâte, des débris d'armes, trouvés « en ces dernières années près de Douadic, sont l'indice, sans « doute, d'un combat qui eut lieu à cette époque entre les « pillards et leurs victimes » (1).

Méobec n'avait pas été mieux traité par les soldats du prince de Condé que Fontgombault par les reîtres et les lansquenets. Cette même année 1569, l'abbaye fut pillée et incendiée. Condé ordonna de mettre le feu à la charpente de l'église. L'incendie se communiqua promptement aux voûtes, et plus d'une toise de muraille de la nef tomba jusqu'au pied des croisées et des fenêtres.

Le chœur seul, voûté en pierre, résista. Pendant que l'église brûlait, le cloître s'effondrait, en proie à un autre incendie. Sous la pioche des huguenots était sans doute tombé le grand portail de l'église, après la chute de la voûte.

Tels furent les évènements qui se déroulèrent à cette époque autour de Bénavent et amenèrent sans aucun doute, la seconde destruction de la chapelle du prieuré.

---

(1) Loc. cit. p. 75.

Après la convocation des Etats Généraux de Blois en 1576 et en 1588 et pendant les guerres de la Ligue, la région du Blanc devait encore être le théâtre d'hostilités.

Henri de Navarre, qui se trouvait alors à Châtellerault, ayant été avisé qu'il se manifestait en sa faveur, à Argenton, des troubles dont il fallait profiter, se dirigea à marches forcées vers cette ville (1). Après s'en être emparé, il reprit le chemin de Châtellerault et sur la route, il s'arrêta au Blanc ainsi qu'en fait foi une lettre qu'il écrivait le 28 Mars 1588 à la la comtesse de Grammont, et que nous reproduisons ici, à titre de curiosité.

Mon cœur, j'ai faict un voyage de huict jours vers le Berry, où je n'ay esté inutile, ayant pris miraculeusement le chasteau d'Argenton, place plus forte que Lectoure, desfaict une troupe de cinquante hommes choisis par la Ligue qui la venoient secourir, réduict bien trois cents gentilshommes ligueurs, les uns à porter les armes avec moy, les aultres promis de ne bouger de chez eux, de peur qu'on ne leur prenne leurs maisons. J'ay pris aussi Le Blancq en Berry et dix à douze autres forts. Cela s'appelle cent mille escus de revenu. Je me porte très bien, Dieu mercy, n'aimant rien comme vous au monde. J'ay receu vostre lettre, il n'a fallu guère de temps à la lire. Bonjour mon âme, je vous baise un million de fois.

On montre encore au Blanc, la maison et même la chambre où le Vert Galant passa la nuit (2).

A la fin du XVIe siècle, le calme était revenu peu à peu dans

---

(1) La tradition veut que ce prince ait accepté dans ce voyage, l'hospitalité d'Antoine d'Aloigny, au château de Rochefort.

(2) Maison Bonvalot, Grande-Rue. N° 34.

le pays ; la vie renaissait dans les campagnes ; l'orage passé, les moines revenaient camper dans leurs ruines. En effet, pas un monastère qui n'ait été pris par les catholiques et les protestants, les Navarristes et les Ligueurs. Les églises sont détruites, les bâtiments claustraux disparus. C'est à peine si quelques religieux ont pu venir s'y terrer.

Sans abbés, sans lieux réguliers pour s'assembler, réduits à la pire pauvreté, ils trainent dans les décombres une existence misérable. Les métairies se sont écroulées, sans moyens de les rebâtir, les bois sont coupés. Nombre de terres qui leur appartenaient sont passées aux mains des seigneurs et des paysans, peu scrupuleux d'arrondir leurs domaines.

Sur le peu de bien qu'ils ont pu conserver, les abbés leur refusent le plus souvent la maigre pitance que le roi ordonne de leur allouer. C'est la lutte constante pour ne pas mourir de faim ; en un mot c'est partout la ruîne et la misère.

Nicolas de Nicolay le constate lorsqu'il traverse le Bas-Berry. Par la seule châtellenie d'Argenton, on peut entrevoir l'étendue du mal. A Saint-Marcel, centre d'un pélerinage qui attire les foules « *les bastimens sont en grande partye ruynés et mal entretenus, les bois destruits ou mal mesnagés. Le prieur n'y faict aulcune résidence bien que son bénéfice lui vaille 1200 livres par an. Le prieuré de Saint-Marin garny d'une église, haulte maison, grange, bois de haulte fustaye et moulin sur la Creuse est à peu près abandonné. Par contre à Rivarennes qui vault 180 livres, le logis est entretenu et au Lieu Dieu dans la parroisse de Luzeret, le prieur réside* ».

Mais ce sont là de rares exceptions et à mesure que le voyageur s'avance, les plaintes se font entendre de plus en plus amères.

A Fontgombault, le désordre dépasse toute limite et il durera trois quarts de siècle. Dès 1573, les religieux se plaignent qu'on leur refuse les sept mesures de vin auxquelles ils ont droit chaque jour. En 1595, on veut les réduire de 96 boisseaux de blé à 75 ; on leur a peu à peu enlevé les pois et les fèves du Carême et de l'Avent, supprimé les 20 aunes de toile qu'ils recevaient annuellement.

Quant à Méobec, nous ne savons pas exactement à quelle date les religieux y rentrèrent, mais vingt ans après l'incendie ils avaient repris possession des restes de l'abbaye.

Il existe aux *Archives de l'Indre* une ordonnance d'Henri IV, datée du 16 décembre 1589 et rendue sur la requête des moines, portant : « *que les manans et habitans des parroisses de Méobecq, Neuillay et villaiges qui en deppendent, feront sentinelle la nuyct, dans ladicte abbaye, de quinze en quinze jours, tant que les presens troubles* (1) *dureront seullement, sur peyne aux défaillans de donner 7 sols 6 deniers tournois, a chacune fois qu'ils y défaulderont, sans toutefois tirer a conséquence pour l'advenir* » (2).

Toujours est-il, que d'après le procès-verbal de Robert Dorsanne fait en 1673, l'abbaye avait été tellement endommagée au siècle précédent que les réparations avaient excédé les facultés pécuniaires des religieux. Reculant devant la dépense, ils avaient préféré acheter un terrain voisin pour y bâtir en quelque sorte un nouveau monastère. L'église seule avait été réparée (3).

---

(1) Les troubles de la Ligue.
(2) *Arch. de l'Indre*, H. 311.
(3) *Arch. de l'Indre*, H. 310.

Après l'avènement d'Henri IV au trône, la religion catholique avait définitivement pris le dessus en Berry, comme dans tout le royaume.

« En effet, dit le vicomte de Brimont, les premiers accès de « l'enfièvrement passé, la masse populaire se sépara violem- « ment de cette morale protestante hors de sa portée dont « les dogmes sévères avaient été plus facilement adoptés par « la bourgeoisie et la magistrature des villes. Sauf Sancerre « et Issoudun qui, dès la première heure, avaient ouvert « leurs portes toutes grandes au calvinisme et les avaient « fermées aux armées du roi, le Berry se ressaisit sans « effort.

« Dans les villes, ce sont les artisans restés fidèles en « masse à la foi catholique qui tiendront en bride le parti « huguenot. Dans les campagnes, le calvinisme n'avait « jamais été populaire. En s'attaquant aux dogmes, il avait « voulu trop brusquement détruire du même coup les « habitudes séculaires du culte. Epris d'idéal et de beauté à « travers sa rudesse native, amoureux de la forme dont il a « revêtu ses idées immatérielles le peuple avait bien vite « compris que la froideur du nouveau culte ne pourrait « jamais compenser pour lui les pompes de la vieille religion, « ces cérémonies si touchantes qui parlaient à son imagina- « tion et à son cœur et qu'on voulait lui faire renier » (1).

(1) Loc. cit. p. II de l'introduction.

V

Si le fléau de la guerre civile avait amené dans les monastères la ruine matérielle, il en est un autre plus redoutable encore, qui ne devait pas tarder à causer la ruine des institutions monastiques, fléau qui ravagea particulièrement le Bas Berry : nous voulons parler du régime de la commende (1).

Il nous faut remonter en arrière pour expliquer quels furent, dès avant les guerres de religion, les abus et le scandale de ce régime, quels désordres et quelles divisions il jeta dans les monastères, et comment il contribua peu à peu à amener leur chute morale.

Au moyen âge, la nomination à la dignité suprême dans une abbaye était réservée au chapitre du monastère qui choisissait lui-même son abbé ou prieur conventuel et n'élisait que celui qui lui paraissait le plus digne d'occuper ce poste par sa science ou par sa piété.

Cet état de choses, qui semble au premier abord si naturel et si fondé en raison, finit par avoir quelques inconvénients. Il vint un temps où ces élections canoniques ne furent plus qu'un trompe-l'œil : ici, le seigneur du lieu, là, le patron laïc de l'abbaye, ailleurs, le descendant de pieux fondateurs reçurent ou s'attribuèrent le droit de désigner au chapitre leur candidat à la dignité abbatiale, sinon de l'imposer.

Déjà, sous Charles VII, les prélats réunis à Bourges, en

(1) Coutume abusive d'attribuer les revenus d'un bénéfice, d'un prieuré, d'une abbaye à un séculier.

1438, avaient essayé d'enrayer cette décadence de la discipline en promulguant, de concert avec le roi, la Pragmatique Sanction.

« La corruption, la cupidité, d'intolérables excès se sont « introduits dans l'Eglise, écrivait le roi. Les bénéfices ont « fini par passer aux mains des plus indignes, souvent des « étrangers qui ne résident pas, ignorent même le langage « d'un troupeau qu'ils n'ont jamais connu ; ils ne cherchent « que le profit temporel sans s'inquiéter du soin des « âmes ».

Le mal ayant encore grandi sous les successeurs de ce prince, le 18 Août 1516, intervenait entre le pape Léon X et le roi François Ier, un contrat qui devait apporter une modification radicale dans le mode d'élection aux dignités ecclésiastiques en France.

Par ce contrat, le roi s'arrogeait pour lui et ses successeurs le droit exclusif d'élire sans contrôle les dignitaires ecclésiastiques, mais s'engageait à ne nommer aux charges vacantes que des docteurs, des licenciés en droit canon ou en théologie ayant toutes les qualités requises ; de son côté, le pape se bornait à confirmer les élections. Un certain nombre de clauses additionnelles du concordat définissait les conditions d'admissibilité des candidats. En ce qui concernait notamment les abbayes, le roi ne pouvait y nommer qu'un religieux de l'ordre auquel appartenait le monastère.

Ces clauses, malheureusement, ne furent pas observées. Préoccupés d'avantager des courtisans ou de récompenser des services, les rois ressuscitèrent une vieille institution, la commende, dont on n'avait usé autrefois qu'à titre provisoire (1) et au mépris des engagements signés, malgré les protestations du Saint-Siège qui fut bien, à la fin, obligé de céder, ils nommèrent aux abbayes des clercs séculiers, des évêques, des prêtres et même de simples tonsurés. Ces personnages, quelques respectables qu'ils fussent, n'étaient pas le moins du monde préparés aux fonctions spéciales, délicates, difficiles, de supérieur religieux.

Veut-on savoir ce qu'était un abbé commendataire au XVIe siècle. « C'était, dit un auteur, un cadet de famille qu'on « installait là. Il se faisait tonsurer et promettait de recevoir « dans l'année, les ordres et la bénédiction épiscopale — « promesse qui ne se réalisait jamais. Les abbés admi- « nistraient de loin, les fonds de la communauté, prenaient « deux tiers de ses revenus et vivaient à ses dépens à la cour « et dans le monde. »

Parmi les abbés commendataires, il y en avait un certain nombre plus méprisables que les autres, ce sont ceux que nous voyons qualifiés du nom de *confidentiaires* ou *fiduciaires* (2). Ces indignes religieux, nommés par suite d'un pacte infâme, « *à la ruyne des abbayes et prieurez conventuels comme tout le monde le scait* », n'étaient que les prête-noms de seigneurs que leur qualité de laïcs empêchait de posséder, et par là de pressurer les abbayes et les bénéfices ecclésiastiques. Ne vit-on pas, grâce à ce stratagème, des capitaines, des femmes, des enfants, s'approprier des *menses* abbatiales ! (3).

Dom Andrieu a stigmatisé les abbés *confidentiaires* en

(1) Pendant seulement la vacance des bénéfices.
(2) La fiducie était un contrat usité en droit romain par lequel une personne s'obligeait à transférer dans certaines circonstances la propriété d'une chose.
(3) *Mense* : revenu d'un prélat, d'un abbé d'une communauté. De là, trois sortes de *menses* : épiscopale, abbatiale, conventuelle.

quelques lignes : « *misérables mulets,* dit-il, *qui portoient du bled et ne mangeoient que de la paille et qui étoient chargez de richesses dont ils n'avoient aucun usage.* »

Bien plus encore, un certain nombre de ces hommes abjects ne craignirent pas de trafiquer de leur titre d'abbés, pour livrer aux seigneurs protestants les biens du monastère dont ils étaient chargés (1).

Ce fut le cas pour Fontgombault et Méobec ; d'ailleurs, la plupart des abbayes du Bas Berry, s'étaient peu à peu inféodées à de grandes familles catholiques ou non, qui les considéraient comme entrées dans leur patrimoine et les gardaient pour leurs cadets par d'ingénieuses substitutions.

Fontgombault, sous le couvert d'un nommé Jourdet, appartient à un calviniste, René de Naillac, puis à Magdeleine de Pot, sa veuve. Pendant vingt-deux ans, René Bigeard gouvernera l'abbaye pour le compte d'un autre huguenot, René du Chier. En 1574, Jourdet étant mort, c'est Jean Jacquet, curé de Concremiers qui, avec l'aide de Légier de Fressine, un moine sans conscience, régit Fontgombault. Après ceux-ci, l'abbaye passe à un nouveau *confidentiaire*, Mathieu Tremblais, pour arriver à la main mise complète sur les biens du monastère par les d'Aloigny, successeurs des Naillac.

Quant à Méobec, à la mort de l'abbé Jean du Breuil, Jean d'Harambure, seigneur de Remetort, *lequel faisoit publi-*

---

(1) A cette époque, presque tous les châtelains des bords de l'Anglin et de la Creuse, étaient protestants. Parmi les plus considérables d'entre eux, nous pouvons citer les Loube de la Gâtevine, les Naillac du Blanc, les du Chier de la Forest, les d'Harambure de Romefort, les Mesnard de la Mesnardière.

quement profession de la religion prétendue réformée, s'en était vu attribuer les revenus par la faveur du roi Henri IV.

Ce seigneur, né en 1553, et dont les ancêtres combattirent en Espagne contre les Maures, appartenait à une illustre famille, originaire de la Navarre et du Guipuzcoa. Compagnon d'enfance et coreligionnaire d'Henri de Navarre, il s'attacha à la fortune de ce prince, auquel il sauva la vie, au siège de Rouen, en 1592. Jean d'Harambure se couvrit de gloire au siège de Niort où il perdit un œil et à la bataille d'Arques. Il avait épousé, en 1595, Marie de Secondat, grand'tante du célèbre Montesquieu, qui lui apporta en dot le château et la châtellenie de Romefort dans la paroisse de Ciron (1).

Après avoir possédé l'abbaye de Méobec pendant quelques années, Jean d'Harambure démissionna en faveur d'un autre protestant, le sieur du Buisson, conseiller en parlement, qui la conserva encore trois ou quatre ans (2).

Il est intéressant de constater que, de même que les abbayes dont ils étaient membres, les prieurés furent affligés, à cette époque, de la plaie de *non résidence* de leurs titulaires.

« Dans la plupart, en effet, dit le vicomte de Brimont, c'est « tout juste si le prieur résidait ; les bâtiments avaient été « abandonnés aux fermiers ; la chapelle, le plus souvent « fermée, s'ouvrait à peine à différentes époques de l'année, « pour l'accomplissement de quelque fondation ancienne, ou « au jour de la fête du saint patron, lorsque l'assemblée « profane y ramenait les populations (3). »

---

(1) Communiqué par le marquis d'Harambure.
(2) Procès-verbal d'enquête de la prise de possession du monastère par l'abbé Fradet de Saint-Août. *Arch. de l'Indre* L. 1.
(3) Vicomte de Brimont, loc. cit. T. II page 48.

Comme on le verra plus loin, Bénavent avait suivi la loi commune ; parmi les titulaires du prieuré dont nous pouvons citer les noms à cette fâcheuse époque, c'est à peine s'il y en eut deux ou trois qui n'y furent pas représentés par des procureurs (1).

Aux abus de la commende et de la *non résidence*, se joignit bientôt le désordre qui, au XVIe siècle, s'installa en maître dans les cloîtres et ne devait pas tarder à en consommer la ruine.

« La manière de vivre de leurs abbés, dit le Dr Gaudon, « suggéra aux religieux l'idée d'une émancipation semblable « à la leur : vivre en dehors du couvent tout en restant en « dedans, être régulier au moins pour le boire, le manger, le « vêtement et le logement, et séculier pour le reste ; porter « l'habit religieux et se conduire comme l'homme du monde ; « avoir un revenu propre qui leur permît de suivre leurs « goûts une fois qu'ils avaient franchi les portes du monas- « tère, ce genre de vie qui était celui des abbés commen- « dataires était très séduisant. Mais pour vivre ainsi, il « fallait abandonner la règle, barrière bien facile à fran- « chir (2). »

Le désordre était alors si grand dans les monastères qu'un poëte contemporain pouvait s'écrier :

« *Proh pudor ! Hos potest Ecclesia tolerare porcos,*
« *Duntaxat ventri, veneri, somnoque vacantes !* »

Dom Andrieu donne un exemple bien pittoresque de l'anarchie qui régnait à Fontgombault à cette époque :

(1) Au XVIIe et au XVIIIe siècles, le mot de *procureur* voulait presque toujours dire : celui qui a la procuration.
(2) *Histoire des abbayes royales de Méobecq et de Saint-Cyran*. Châteauroux. Majesté. 1888. p. 67.

« *Chacun*, dit-il, *demeuroit en sa maison, hors de l'abbaye, et chacun y vivoit à sa mode avec très peu d'édification. Quelques-uns croyoient qu'une servante étoit un meuble nécessaire. On disoit en ce temps-là les matines quand il faisoit jour en hyver aussy bien qu'en esté. Il n'y avoit jamais que deux prestres qui disoient la messe quand ils étoient de semaine ; après la messe, chacun alloit se réjouir à la chasse ou à des rendez-vous et quand ils étoient revenus tost ou tard, on disoit vespres. Les servantes qu'on pouvoit nommer les maîtresses se réjouissoient entre elles ou avec les compagnies qui venoient les voir.* »

L'abbaye de Méobec ayant été ruinée à la fois par les guerres de religion et les abus de la commende, il est vraisemblable que Bénavent dut subir le contre-coup des malheurs qui accablèrent sa mère. Cependant le prieuré semble avoir été toujours occupé, et même aux époques les plus troublées de l'histoire, nous avons pu relever le nom de quelques-uns de ses titulaires ou tout au moins celui de leurs procureurs.

Le plus ancien est frère Philibert Mercelin dont le nom est mentionné dans un bail passé par Philippe de Foussegueau, abbé de Méobec, le 1er août 1454 (1).

Vient ensuite François Morelon, licencié en droit canon, qui cumulait les fonctions de curé de Pouligny avec celles de prieur de Bénavent. Comme l'apprend une lettre datée du 11 mars 1506 et adressée par dom Philibert de Marafin, abbé de Méobec à Martial Morelon, curé de Saint-Génitour, François Morelon avait exercé le ministère sacré en Poitou dans sa

(1) Pièce justif 1.

jeunesse. Ce fut lui qui, comme on l'a vu plus haut, restaura en l'année 1508 la chapelle du prieuré dévastée pendant le cours du xve siècle. Il est aussi mentionné dans une accense de 1491 (1).

Après un intervalle de quelques années, on trouve le nom de frère Guy de Vergnault ; ce dernier ne résidait pas à Bénavent et y avait un procureur, Charles de Louault. Guy de Vergnault résigna ses fonctions en 1543 et eut comme successeur d'abord Jean Lepron (2), puis vénérable frère Pierre du Breuil, religieux de l'ordre de Saint-Benoît (3). Pierre du Breuil fut le premier d'une famille qui en l'espace de quarante-trois ans, devait fournir trois prieurs à Bénavent. Il n'occupa pas longtemps cette charge où il fut remplacé en 1547, par frère Jean de la Jarerie.

La même année, Jacques du Breuil, grand vicaire du cardinal Jean-Marie del Monte, abbé commendataire de Méobec (4), donna, au nom de ce prélat, provision du prieuré de Saint-Pierre de Bénavent à frère Jean du Breuil (5).

Ce dernier à peine nommé, s'empressa d'envoyer à sa place un procureur, en la personne de noble homme Valentin de la Bergerie (6). Quant à lui-même, il ne dut jamais quitter Méobec, où on le voit remplir successivement les fonctions de chambrier, de fermier de l'abbaye et de procureur. En 1573, il devint grand vicaire de l'abbé dom Jean Niquet, auquel il succéda lui-même dans la dignité abbatiale, l'année suivante.

---

(1) Pièces justif. 3 et 4 *a*.
(2) *Arch. de l'Indre*, H. 1144.
(3) Pièces justif. 4 *b*.
(4) Le Cardinal del Monte, devint par la suite pape sous le nom de Jules III.
(5) Pièce justif. 4 *c*.
(6) Pièce justif. 4 *d*.

Cependant, vers cette époque on commençait à réagir contre les abus de la *non résidence* des prieurs, ainsi que le prouve une lettre de Jacques, archevêque de Bourges, datée du 1er janvier 1571 et adressée à Aymon de l'Age, conseiller au Parlement de Paris. Dans cette lettre, l'archevêque dit qu'il mande à l'archiprêtre du Blanc ou à un notaire public de faire une enquête sur les revenus réels du prieuré de Saint-Pierre de Bénavent, vacant (1).

Jean du Breuil, abbé commendataire de Méobec, se décida à envoyer un prieur à Bénavent et proposa pour ce poste, son parent, Jean du Breuil le jeune, religieux profès, qu'il faisait bientôt agréer par le pape Grégoire XIII (2).

Le 24 septembre 1574, Guyon, vicaire de l'église paroissiale de Pouligny, certifie à tous, que frère Jean du Breuil a bien pris possession du prieuré de Bénavent (3). En outre, le 26 du même mois, l'official de Bourges, fait savoir qu'en présence de Mathurin Pillon, notaire juré de l'abbaye de Méobec : *noble et relligieuse personne, frère Jehan Dubreuilh, a faict acte de possession réelle et actuelle du prieuré ou chapelle, avecques les fruicts, proficts, revenus et émolumens, par l'entrée de la grand'porte de ladicte chappelle, prenant de l'eaüe beniste avecque le aspergès, bayzant le grand autel, manyant le messel, lizant en iceluy, sonnant les cloches, entrant au logis et bassecourt dudict prieuré, faisant aultres solemnitez à ce requises. Estoient présens à cette cérémonye : Jehan Caille, curé de Saint-Pierre de Poulligny, Jehan Jacquet marchand, demeurant audict Blancq en Berry, Françoys Bret, Nicolas*

(1) Pièce justif. 4 *e*.
(2) Pièces justif. 4 *f*. et 4 *g*.
(3) Pièce justif. 4 *i*.

Cardinault, Brégent Hémery, Jehan Gayet et Louis Collin, demeurans au lieu de Bienavant (1).

En 1586, frère Claude Perrin prit possession du prieuré, en présence du même Mathurin Pillon, notaire juré. Retombant dans les errements de ses prédécesseurs, il ne tardait pas à se faire remplacer à Bénavent par un procureur, Jean de l'Age (2).

Il faut arriver au début du XVIIe siècle pour rencontrer un prieur sur lequel on trouve plus de documents.

Dans plusieurs contrats passés des années 1614 à 1624, figure le nom d'André Pellault, prieur de Saint-Pierre de Bénavent, et on peut remarquer que dans presque tous ces actes, Antoine d'Aloigny intervient en qualité de procureur dudit prieur (3).

Pour identifier ces deux personnages, il faut se reporter à l'histoire des seigneurs de Rochefort et à leurs démêlés avec les abbés de Fontgombault (4). Les d'Aloigny professaient la religion réformée ce qui ne les empêchait pas de jouir des revenus de l'abbaye au moyen de leurs abbés *confidentiaires*.

Lorsqu'en 1582, Antoine d'Aloigny, par son mariage avec Lucrèce de Périon fut devenu héritier des prétendus droits de la famille Du Chier sur Fontgombault, il ne se pressa pas de faire choix d'un nouveau *confidentiaire* et il fut deux ans avant d'arrêter ses vues sur André Pellault, « *pauvre prestre, fils de paysans, natif de la Celle-Guenand en Touraine et qui n'avoit pas plus de doctrine que de conscience. Voilà justement l'homme qu'il lui falloit* (5). »

(1) Pièce justif. 4 *h*.
(2) Pièce justif. 4 *j*.
(3) Pièces justif. 6 à 20.
(4) Desplanque. *L'abbaye de Fontgombault et les seigneurs de Rochefort*. Paris, Chaix, 1864.
(5) Manuscrit de Dom Andrieu.

André Pellault prêta son nom pendant quarante-six ans à la maison d'Aloigny pour piller les revenus de l'abbaye, s'approprier une partie de ses fonds, diminuer le nombre des religieux et laisser tomber en ruines l'église et les bâtiments conventuels. En 1655, Pierre d'Hardivilliers, archevêque de Bourges, fatigué des plaintes qui lui revenaient sans cesse contre André Pellault, le suspendit *a divinis.*

Mais le dit Pellault, nous laissons la parole à Andrieu, « *se moqua de cet interdit et ne laissa pas de dire la sainte messe. Quelque temps après, étant à la chasse, il tira un coup de fusil et le fusil s'étant crevé, lui emporta le poulce de la main gauche, alors il creut que cet accident étoit un coup du ciel et que Dieu l'avoit voulu chastier pour sa désobéissance et pour tous les crimes dont il étoit coupable. Il prit du conseil et fit pénitence* (1) ».

C'est cet homme méprisable, qui pendant plusieurs années fut prieur de Bénavent. Il est difficile de savoir comment il obtint ce poste de l'abbaye de Méobec ; ce fut sans doute à la suite de quelque manœuvre déloyale d'Antoine d'Aloigny, à qui tous moyens semblaient bons pour accroître sa fortune.

En effet, grâce à la complaisance de ses *confidentiaires*, ne le voyons-nous pas s'emparer des biens du prieuré de Ruffec-le-Franc (2), d'une partie des fonds des pauvres de Concremiers et de Saint-Aigny, de toute la dîme de la paroisse de Sauzelles, aussi bien que de son domaine ; de plus, « *il usurpoit les dixmes de Bousseronde et jouissoit de celles du prieuré de Mérigny* (3) ». Bénavent et son riche prieuré étaient trop

(1) Manuscrit de Dom Andrieu.
(2) Voir p. 21.
(3) Manuscrit de Dom Andrieu.

près de lui pour qu'il n'ait pas songé à s'en approprier les revenus.

Au XVIIIe siècle, alors que le prieuré de Bénavent ayant suivi le sort de l'abbaye de Méobec, appartenait, comme on le verra plus loin, à l'Évêché de Québec, nous ne trouvons dans les archives que le nom d'un seul de ses prieurs, c'est en 1717 : « *Messire Jean-Henri Tremblais, prestre, directeur du Séminaire des Missions Estrangères, estably à Paris, rue du Bacq, parroisse de Saint-Sulpice, procureur général des Directeurs et Suppérieurs des Missions Estrangères de Québecq en Canada en la Nouvelle France, titulaire du prieuré de Biennavant, parroisse de Saint-Pierre de Poulligny* (1). »

Jean Tremblay, retenu à Paris par ses importantes fonctions, avait comme fondé de pouvoirs à Bénavent son propre neveu, Messire Laurent Grignon, curé de Pouligny (2).

Il est permis de supposer qu'à dater de cette époque, le prieuré n'étant plus qu'une propriété de rapport, la maison prieuriale fut occupée par un simple fermier et que, comme aujourd'hui, le service du culte était assuré à Bénavent par le curé de Pouligny.

---

(1) Arch. de l'Indre G. 793 et pièce just. 42.

(2) En 1728, Laurent Grignon étant mort, on voulut l'inhumer dans le chœur de l'église de Pouligny, « devant le banc qui est à l'usage de MM. les curés ». Silvain d'Arnac, seigneur de la Milandière et des Tessonnières près Pouligny s'y opposa, alléguant que là étaient les sépultures de sa famille et fit combler la fosse.

VI

Nous avons vu que l'abbaye de Méobec ne s'était jamais relevée complètement de sa ruine matérielle causée par les protestants en 1569, et que les abus de la *commende* et de la *non résidence* avaient consommé sa ruine morale au commencement du XIIIe siècle.

En 1657, elle ne comptait plus que huit religieux et était devenue une simple propriété de rapport. Les abbés Jean de Gaucourt et Antoine Fradet n'habitèrent même pas l'abbaye se contentant d'en toucher de loin les revenus, à charge par eux, de verser à chacun des huit religieux et au curé de Méobec une pension de 80 livres.

A la mort d'Antoine Fradet, en 1658, son neveu Louis Armand, dit M. de Saint-Août, put par un triste effet du régime de la commende recevoir pendant six ans une pension de 2.000 livres, prise sur la mense abbatiale, alors qu'il était encore sous la tutelle de sa mère Marie de Saint-Gelais de Lusignan, chargée d'administrer les biens du monastère. En 1664, Antoine Fradet abandonna cette pension à son précepteur Gilles Heurtault, qui mourut sans avoir le temps d'en jouir ; lui-même décéda le 6 juillet 1665.

A cette époque, l'abbaye de Méobec était donc virtuellement supprimée en temps que communauté religieuse, lorsque survinrent des évènements qui allaient changer la face des choses et nous obligent à transporter le lecteur dans un autre hémisphère.

Le navigateur Jacques Cartier avait pris possession du

Canada en 1537, au nom de François Ier. Au début de cette conquête à laquelle on donna le nom de *Nouvelle France*, on s'occupa de rendre le pays abordable et de s'y implanter d'une manière solide. La Roque de Roberval nommé vice-roi en 1542, fonda non loin de l'endroit où fut bâti Québec, le fort de Charlebourg et en 1608, Samuel Champlain jetait les fondements de cette ville.

Dès 1617, une compagnie française s'était formée pour exploiter la colonie qui devint vite florissante grâce au commerce des pelletries. Vers 1650, Louis XIV érigeait Québec en évêché et y faisait construire une cathédrale qui devait par la suite devenir fatale à l'abbaye de Méobec.

François de Laval Montmorency, prêtre de la plus grande valeur et d'une piété austère, était grand archidiacre d'Evreux, lorsqu'en 1657, il fut sacré à Paris, évêque *in partibus* de Pétrée en Arabie, par le nonce du Pape. Le 5 février 1664, le roi le nommait abbé de Méobec où nous le voyons prendre possession de son siège le 22 mars de la même année (1).

Il n'avait probablement reçu ces distinctions que dans l'attente d'un autre poste plus digne de ses mérites ; cette occasion se présenta bientôt : l'évêché de Québec étant devenu vacant en 1672, François de Laval fut désigné pour ce siège.

Ce fut lui qui détourna, au profit de son évêché, les revenus de l'abbaye de Méobec dont il prélevait la part spécialement affectée à l'abbé.

Après avoir obtenu des moines l'abandon de leur part de

(1) Ce prélat appartenait à la noble maison de Laval, remontant au IXe siècle et dont le titre, après être passé, par suite d'alliances, dans diverses familles resta, à partir du XIIe siècle, dans celle des Montmorency.

revenus en échange d'une pension viagère, il fit supprimer la mense monacale par des lettres patentes datées de 1673, et sanctionnées la même année par une sentence de l'officialité de Bourges (1). Cette sentence ordonnait la démolition de tous les bâtiments de l'abbaye, tant offices claustraux qu'autres dépendances, sauf ceux nécessaires pour servir d'église de paroisse.

Trente-deux ans plus tard, survenait une bulle du pape Clément XI, datée du 4 août 1706, la sixième année de son pontificat, dans laquelle ce pontife « se trouvant dans la « basilique de Sainte-Marie Majeure, pour les premières « vespres de la feste de Notre Dame des Neiges qui se célèbre « le 5 aoust dans ladite basilique, décrète l'union de Saint-« Pierre de Méobec à l'évêché de Québecq, en Canada » (2).

François de Laval Montmorency gouverna son diocèse jusqu'en 1708 ; il mourut à cette époque en odeur de sainteté, et on prétend même que des miracles se firent à son tombeau.

Son successeur fut Jean-Baptiste de la Croix de Saint-Vallier.

« Le mobile qui avait inspiré la réunion des revenus de « Méobec au chapitre de Québec, dit M. Eug. Hubert, avait « été de favoriser le développement de l'église catholique « dans le territoire canadien. Il ne tarda pas à être si bien « méconnu que les derniers doyens ou principaux dignitaires « du chapitre, vinrent s'installer à Méobec, où ils cumulaient « paisiblement leurs prébendes, avec les émoluments du

(1) *Arch. de l'Indre*, H. 310
(2) *Arch. de l'Indre*. H. 288.

« monastère dont ils étaient abbés. Ainsi, l'établissement de « Québec qu'on avait voulu favoriser au début, finit au « contraire par être dépouillé d'une partie de ses ressources « qui passèrent en France à des bénéficiaires indignes, ne « reconnaissant pas d'autre bien de l'Eglise que leur intérêt « personnel » (1).

En 1713, nous trouvons une délibération du Chapitre de Québec portant : « Choix unanime de M. Le Picard, un des « chanoines pour résider en France, afin de mieux gérer les « affaires et revenus du Chapitre. En qualité de procureur « général et spécial, le dit sieur Le Picard aura, outre le « revenu de son canonicat, 500 livres pour la première année, « sans comprendre ce qu'il sera nécessaire d'ajouter à cette « somme pour administrer plus avantageusement les affaires du Chapitre » (2).

Les successeurs du chanoine Le Picard, en France, furent le sieur Pépin, avocat au Parlement de Paris, nommé par arrêt du Conseil d'Etat et, plus tard, le chanoine Marcel Neveux, nommé par le grand vicaire de l'évêque de Québec, Pierre de l'Orme Hazeur. Ce dernier devint abbé de Méobec en 1743.

Il fut remplacé par Marie Joseph de la Corne de Chapt, « ancien conseiller clerc, au conseil supérieur de Québecq, en « Canada, vicaire général de la Nouvelle France, demeurant « ordinairement à Paris, hostel de Malthe, rue Traversière, « parroisse de Saint-Roch » (3).

Par exception, ce prélat résida à Méobec, où nous le

(1) Loc. cit. p. 505.
(2) *Arch. de l'Indre*, H. 318.
(3) *Arch. de l'Indre*, 296.

voyons parrain d'un enfant en 1757. Il y mourut en 1779, à l'âge de 65 ans et fut inhumé le 9 décembre de la même année dans le cimetière, devant la porte de l'église.

Les derniers abbés de Méobec avant la Révolution, furent Jean François de Pérusse des Cars (1780-1785) et le bailli de Crussol, auquel un arrêt du Conseil d'Etat du 30 septembre 1785 accorda la jouissance de l'abbaye.

A cette époque, les revenus du monastère étaient évalués à la somme de 12.000 livres, sans compter ceux des prieurés de Touraine qui en rapportaient 3.000.

Bénavent avait, comme de juste, suivi le sort de Méobec et ses revenus allaient de l'autre côté de l'Océan, grossir la mense épiscopale canadienne. Cependant, comme nous le voyons dans un *terrier* du prieuré de 1727 à 1729 (1), les fonds qui en provenaient avaient une dévolution toute spéciale, ils étaient destinés à l'entretien du séminaire des Missions Etrangères de Québec (2).

Nous avons eu la curiosité de faire des recherches sur l'origine et sur le fonctionnement de cet établissement ; l'archevêché de Québec et le séminaire des Missions Etrangères de Paris ont bien voulu nous fixer sur ces deux points ; nous leur adressons ici l'expression de notre gratitude.

Un des premiers soins de l'évêque François de Montmorency Laval, en arrivant à Québec, avait été d'y créer un séminaire destiné à assurer le recrutement d'un clergé local ; il en confia la direction, d'abord aux Récollets, puis ensuite aux Jésuites.

(1) *Terrier*, recueil contenant les cens, rentes, droits et devoirs dont sont tenus les tenanciers d'une terre seigneuriale envers le seigneur.

(2) Il existe deux exemplaires de ce *Terrier*. L'un fait partie des titres de propriété du château de Bénavent, l'autre est conservé aux Archives départementales, sous la rubrique H. 171.

D'ailleurs, à la fin du XVIIe siècle, ces deux congrégations étaient les seules installées au Canada.

Un des successeurs de François de Montmorency Laval, Mgr Dosquet, originaire de Liège, remplaça les Jésuites à la direction du séminaire par des ecclésiastiques français et canadiens auxquels il donna, on ne sait pourquoi, le nom de *Prestres des Missions Estrangères*, bien qu'ils n'eussent jamais fait partie de la célèbre maison de la rue du Bac. Celle-ci d'ailleurs, ne les regarda jamais comme siens ; son Mémorial, tenu dès le début avec un soin scrupuleux ne contient pas le nom d'un seul prêtre ayant exercé son ministère au Canada, à cette époque.

Et cependant, ces deux établissements durent avoir des rapports entre eux. Ne voyons-nous pas, en 1717, figurer sur un acte, en qualité de procureur des Missions Etrangères de Québec : « *Messire Henri Jean Tremblais, prestre, directeur du séminaire des Missions Estrangères, estably à Paris, rue du Bacq, parroisse de Saint-Sulpice* (1). Bien plus, il semble qu'à un moment donné (en 1756), le séminaire de Paris ait voulu s'approprier une partie des biens possédés par son homonyme de Québec (2).

Toujours est-il, qu'en 1727, « *Messieurs les Suppérieurs et Directeurs du séminaire des Missions Estrangères de Quebecq en Canada, en la nouvelle France* étaient propriétaires des *prieuré, fief, terre et seigneurie de Biennavant, situez en la parroisse de Poulligny en Poictou, ressort de la sénéchaussée de Montmorillon* » (3).

(1) Pièce just. 42.
(2) *Arch. de l'Indre*, 320.
(3) Pouligny et Bénavent, dépendant du Berry a tous autres points de vue, étaient sous la juridiction du sénéchal de Montmorillon, en Poitou, qui *connaissait* de toutes les causes concernant les fiefs situés dans les environs du Blanc.

Les cens et la rente noble, directe, féodale et foncière qui leur étaient dûs de ce chef, étaient assez importants pour l'époque et surtout pour le pays, car ces Messieurs ne possédaient pas moins de *77 mesteries, tenues et tennements* (1).

Nous n'avons pas cru inutile pour l'histoire du prieuré de donner à la fin de cette étude, les *déclarations et aveux* de ces différentes *tenues* (2). Si, au premier abord, la lecture en paraît fastidieuse, elle n'en permet pas moins de constater qu'après un intervalle de près de deux siècles, le nom des moindres terres n'a pas varié à Bénavent et surtout, que, à part quelques rares exceptions, celui des quatre-vingt et quelques journaliers, laboureurs et vignerons qui les cultivèrent est encore porté dans le village ou aux alentours.

De plus, nous nous sommes efforcés, chaque fois que cela ne nuisait pas au sens de la phrase, de respecter l'orthographe fantaisiste des scribes qui rédigèrent les actes. A noter dans le même ordre d'idées, que, sauf deux ou trois, les tenanciers du prieuré ne savaient pas signer leur nom.

D'après l'ordonnance rendue par le sénéchal de Montmorillon en date du 9 mars 1724, et après publication faite « *le dix-septième dudit mois audit an, à l'issue de la messe tant à la porte de la chappelle dudit Biennavant qu'à celle de Poulligny*, c'était le 29 septembre, *en chacun jour et feste de Saint-Mychel*, que les tenanciers du prieuré devaient verser leurs fermages à *la recepte dudit lieu et cela sur peyne de l'amande ordinaire de sept sols et six deniers* (3).

(1) On appelait *tenues et tennements* en matière féodale, les fiefs qu'on tenait à la *ligence* d'un seigneur.
(2) Voir pièces justif. 26 à 78.
(3) En 1727, le receveur du prieuré était « maistre Jean Grignon, demeurant au prieuré de Foutmoron, paroisse de Liglet ».

En résumé, les biens du prieuré, d'une superficie d'environ 2.500 boisselées, soit 250 hectares, tant en « *maisons, bastimens, granges, estables, aisances*, qu'en *terres, vignes, chenevières, courtillages, jardins, renfermys, pasturaux, prez, bois taillis, fustayes, bouïges, bruères et rocages* » rapportaient en 1727 : 13 livres, 134 sols d'argent et 210 deniers.

Les redevances en nature se montaient à « *25 poulles, 2 gelines, 23 chappons, 46 boisseaux de froment et 73 boisseaux d'avoinne mezure du Blancq* (1) *3 livres de sire et 10 pintes d'huille* ».

A cela il fallait ajouter les produits du moulin et du four banal, de la tuilerie, de l'huilerie et très probablement ceux d'un moulin à draps.

En lisant l'énumération de ces différentes redevances, on est surpris de ne pas y trouver de vin, car il ne faut pas oublier qu'à cette époque les coteaux de Bénavent, aujourd'hui couverts de taillis, étaient plantés en vignes. Nous croyons que les titulaires du prieuré exploitaient directement leur vignoble avec l'aide de journaliers, et cela sous la surveillance du curé de Pouligny à qui, ainsi que semblent l'indiquer certains documents, ils abandonnaient le produit du culte à Bénavent en rémunération de ses bons offices.

---

(1) Le boisseau mesure du Blanc contenait alors 23 litres 16 centilitres.

VII

VINRENT les mauvais jours de 93, la tempête révolutionnaire n'épargna pas le prieuré de Bénavent.

Disons cependant en passant, que cette période fut singulièrement bénigne dans notre région, si on se reporte aux évènements qui se déroulèrent dans certains départements voisins.

A part l'échauffourée de Palluau (1) et les quatre exécutions capitales à Châteauroux, la Révolution ne laissa pas de traces trop sanglantes dans le département de l'Indre. Au Blanc, notamment, où la guillotine ne fit même pas son apparition, le régime dominant à cette époque nous semble avoir été celui de la peur, aussi bien du côté des révolutionnaires que de celui de leurs adversaires.

« La défaillance des contribuables, dit M. Marcel Bruneau, « força l'Assemblée Constituante à vendre les biens de la « nation ; la vente de ces biens lui était apparue comme « l'unique ressource capable de sauver le Trésor en détresse. « Elle lui sembla aussi un merveilleux moyen de multiplier « le nombre des propriétaires et d'attacher irrévocablement « à la Révolution une foule de familles, par les liens indes- « tructibles de l'intérêt » (2).

Les biens soi-disant *nationaux* qui furent l'objet de cette monstrueuse spoliation, provenaient d'origines très diverses.

---

(1) Lire à ce sujet, Just Veillat. *La Vendée de Palluau. Souvenir de l'an IV en Berry*. Châteauroux, Nuret 1858.

(2) *Les débuts de la Révolution dans le Cher et dans l'Indre*. Paris, Hachette 1902. p. 245.

Ceux du clergé, ceux du domaine de la couronne, ceux des domaines engagés, les biens des associations laïques supprimées, ceux enfin des religionnaires fugitifs formèrent une première masse qui fut nationalisée et dénommée *biens de première origine.*

La Révolution confisqua ultérieurement les biens des émigrés, ceux des personnes condamnées par les tribunaux révolutionnaires, ceux des parents d'émigrés, ceux des conscrits réfractaires, enfin les biens patrimoniaux des communes ; l'ensemble de ces biens forme les *biens de seconde origine.*

Ce furent les 2 novembre 1789 et 17 mars 1790, que l'Assemblée Constituante décréta la mise à la disposition de la nation de 400 millions de biens domaniaux et ecclésiastiques, ensuite les 25, 26, 29 juin et 9 juillet 1790, qu'elle ordonna la mise en vente de tous ces biens ; elle ne faisait d'exception que pour les forêts, les palais et autres domaines dont la jouissance était réservée au roi, pour les biens des fabriques, des fondations établies dans les églises paroissiales, des établissements d'enseignement ou de charité, pour ceux de l'Ordre de Malte et des autres ordres religieux militaires.

Cependant, la Nation s'obligeait, en vertu même de la loi, à pourvoir aux frais du culte et à l'entretien de ses ministres. Comme on le sait, cette clause ne fut pas longtemps observée et, en tous cas, elle ne profita qu'à d'indignes personnages.

C'est une opinion courante encore aujourd'hui, que les possessions territoriales du clergé à la veille de la Révolution étaient immenses. Beaucoup de personnes s'imaginaient en 1789, que le clergé détenait le cinquième, d'autres disaient le tiers, du territoire français. Aujourd'hui, il est avéré que la valeur de ces biens ne dépassait pas trois milliards et que le clergé, bien loin de posséder la moitié ou même le tiers de la France, ne possédait pas 6 o/o du territoire (1).

Les lois de 1789 et de 1790 n'avaient pas nationalisé la totalité des propriétés ecclésiastiques ; successivement furent déclarés *biens nationaux* et aliénés comme tels, les immeubles réels affectés à l'acquit des fondations (loi du 10-18 février 1791), les églises supprimées avec les presbytères et les cimetières en dépendant (loi du 6 mai 1791), les biens des ordres religieux et militaires (loi du 17-28 mai 1792), les palais épiscopaux (19-25 juillet 1792), les bâtiments occupés par les religieux et les religieuses (loi du 7-16 août 1792), les biens formant dotation des congrégations séculières ecclésiastiques ou laïques d'hommes ou de femmes (18 août 1792) et enfin, les biens de l'ordre de Malte (19 septembre 1792).

La loi du 8-10 mars 1793, ordonna la vente des biens formant la dotation des collèges, celle des 19 et 24 mars, la vente des biens d'hôpitaux et des fondations faites en faveur des pauvres, celle du 13-14 brumaire, an II déclara propriété nationale, tout l'actif des fabriques et celui affecté à l'acquit des fondations.

Les biens des abbayes et communautés étrangères situés en France furent confisqués et mis en vente en vertu de la loi du 13-17 pluviôse, an II. La nationalisation de tous les biens ecclésiastiques fut alors complète.

« La vente de ces biens se fit par adjudication, mais d'une « manière différente de notre système actuel de ventes aux

(1) Voir sur ce point Stourm. *Les Finances de l'ancien régime et de la Révolution* et Léouzon le Duc. *La fortune du clergé sous l'ancien régime.* « Journal des Economistes », août 1891. p. 237.

« enchères. Voici exactement comment les choses se « passaient. D'abord, la mise à prix était fixée, d'après la loi « du 24 mars 1790, à 22 fois le revenu pour les biens ruraux, « à 20 fois seulement pour les maisons. Lorsque le bien était « loué par bail authentique, le prix de location indiqué faisait « foi du revenu : à défaut du bail authentique, la valeur du « bien était fixée à dire d'experts. Le directoire du district « faisait afficher dans tout le district et dans les districts « limitrophes un mois au moins à l'avance, les listes des « biens à vendre en audience publique à une date déterminée, « avec la mise à prix de chaque bien. Les personnes dési- « reuses d'acquérir pouvaient, jusqu'à cette date, faire leur « offre d'enchères par soumission cachetée.

« A la date fixée, les soumissions étaient ouvertes en « audience publique et le bien était adjugé provisoirement « au soumissionnaire qui avait fait l'offre la plus élevée, si « toutefois sa soumission dépassait la mise à prix, puis la « vente était renvoyée à quinzaine pour adjudication définitive « au feu des enchères. A quinzaine, le prix de soumission le « plus élevé servait de nouvelle mise à prix ; si aucune « surenchère n'était faite, le soumissionnaire provisoire était « déclaré adjudicataire ; s'il y avait une surenchère, les « enchères suivaient leur cours comme aujourd'hui » (1).

Pour rassurer les acquéreurs contre les dangers possibles d'une contre révolution, l'Assemblée Nationale eut l'idée d'interposer entre eux et l'Etat, les municipalités. Celles-ci, par le décret du 24 mars 1790, reçurent donc le droit

---

(1) G. Lecarpentier. *La vente des biens ecclésiastiques pendant la Révolution française.* Paris, Alcan, 1908. p. 65.

d'acquérir des biens nationaux. Elles avaient même un droit de préférence sur les biens situés dans leur territoire, mais pour prévenir toute tentative de spéculation, la loi portait qu'elles étaient tenues d'aliéner elles-mêmes, dès que sur une propriété particulière elles recevraient d'un particulier une soumission au moins égale à celles qu'elles auraient faites elles-mêmes.

Dans diverses régions, la nationalisation des biens du clergé avait soulevé de très vives protestations ; de nombreuses pétitions furent adressées à l'Assemblée Constituante pour demander que les biens de tels monastères, abbayes ou prieurés, fussent exceptés de la vente. L'Assemblée ayant passé outre à ces protestations, des troubles éclatèrent dans quelques provinces, dont les plus graves en Artois.

Plus d'une fois les affiches indiquant les biens à vendre dans le district du Blanc furent lacérées et les séances d'adjudication troublées et interrompues par la violence.

Dans quelques localités des départements de l'Indre et du Cher, on s'opposa par la force aux inventaires des biens des couvents ; dans d'autres, les propriétaires ecclésiastiques refusèrent de montrer leurs titres et les tenanciers leurs baux, on fut réduit à estimer la valeur du bien à titre d'expert. Ces estimations d'ailleurs furent une source de difficultés et de déconvenues.

Malgré cela, ce fut un concours extraordinaire, un élan, une ruée d'acquéreurs ; injures, menaces secrètes, conseils des prêtres *insermentés*, rien n'y fit. Les contribuables qui ne trouvaient pas d'argent pour payer leurs impôts en découvrirent pour soumissionner les biens nationaux. Tel qui cachait son argent devant le collecteur sut le retrouver pour s'offrir la maison, la vigne, l'étang ou le pré longtemps convoité.

Bien des gens refusèrent plus tard d'acheter les biens des émigrés, parce que leur conscience eût craint de risquer par cet achat la complicité d'une sorte de vol ; on avait généralement de la répugnance à acquérir à vil prix les dépouilles de gens avec lesquels on avait eu de constants rapports, et dont bien souvent on était l'obligé. Certains, prévoyant peut-être l'avenir ont dû hésiter avant de s'infliger une marque d'infamie telle, qu'après plus de cent ans, elle poursuit encore dans la tombe les *acheteurs de biens nationaux* et a même rejailli sur leurs descendants.

« Mais, quant aux biens de l'Eglise, dit Bruneau, qui donc, « s'il avait de l'argent et s'il n'était un contrerévolutionnaire « avéré, eût refusé d'en acheter ? Des prêtres et des nobles « soumissionnèrent et achetèrent tout comme les roturiers. « Ne citons aucun nom puisque la cendre de ce passé brûlant « n'est pas encore refroidie » (1).

Dans l'Indre, la liquidation des biens ecclésiastiques se fit rapidement ; quand l'Assemblée Constituante se sépara en 1792, la plus grande partie de ces biens avait trouvé preneur et la vente avait déjà produit 13 millions de livres.

Ce fut le district du Blanc qui apporta le plus faible contingent à l'acquisition de ces biens ; avant le 20 juin 1791, il ne s'en était vendu que pour 640.000 livres.

Les biens du prieuré de Mont-la-Chapelle avaient été adjugés au mois d'octobre 1791 pour la somme de 47.525 livres. Quant à ceux du prieuré de Bénavent, très réduits à cette époque par suite de l'aliénation qu'en avait faite vers

(1) Loc. cit. p. 251.

1750, l'abbaye de Méobec, au profit de la famille Pinault de Bonnefonds, ils ne virent le feu des enchères que le 20 février 1793 et furent adjugés de la façon suivante : (1).

La maison prieurale, la chapelle et le cimetière à Barnabé	4.650 livres
Le moulin dudit prieuré à Melleine Picard	12.000 —
La tuilerie à Jean Feschaud	5.050 —
Une demi-boisselée de pré à André Gobert	450 —
Trois boisselées de pré à François Barbarin	300 —
Dix boisselées de pré à Louis Touraine	6.000 —
Vingt boisselées de terre à Perséguier	115 —
Terre et pré au même	4.050 —
TOTAL	32.615 livres

Après la vente du premier lot, Barnabé déclara au procureur-syndic chargé de la vente qu'il n'avait enchéri que pour le compte du citoyen Perséguier (2).

La confiance en la Révolution était telle que le prix des biens nationaux fut régulièrement versé. Les acquéreurs ne connurent pas les défaillances des contribuables. Les impôts n'étaient pas payés mais les biens nationaux le furent. Le directoire du district du Blanc ne se vit que très rarement obligé de remettre en vente par défaut de payement les biens déjà une fois adjugés.

D'ailleurs, parmi les acquéreurs, un grand nombre acheta sans compter non pour garder mais pour revendre et fit même là une excellente spéculation. Tel ce Perséguier que

(1) Pièce justif. 81.
(2) Louis-Jean Perséguières Valois.

nous voyons soumissionner plusieurs lots à Mont-la-Chapelle et à Bénavent et dont nous ne trouvons plus trace dans la région deux ans après ses acquisitions.

L'Assemblée Constituante avait donné comme première raison à la vente des biens nationaux la nécessité de fournir au Trésor les ressources dont il avait besoin : pour cela il aurait fallu vendre lentement afin de ne pas déprécier la terre, de plus, on aurait dû exiger des acquéreurs un prompt paiement. On fit tout le contraire, en moins d'un an on jeta sur le marché près de 2.250.000 hectares et on accorda douze ans aux acquéreurs pour payer. Le résultat de cette belle politique fut que le Trésor retira à peine 830 millions de biens qui valaient trois fois autant et que la hideuse banqueroute qui le guettait ne fut pas retardée d'un jour.

Quant au second but que les députés de 1789 s'étaient proposé, celui d'attacher à la cause de la Révolution une foule de nouveaux petits propriétaires ruraux, il ne fut pas plus atteint que la premier.

C'est une petite minorité de spéculateurs heureux qui tira presque tout le bénéfice de la vente des biens ecclésiastiques et il est hors de doute aujourd'hui, que ces spéculateurs eurent des complices parmi les membres des assemblées révolutionnaires.

« Ce qui est certain, dit Bruneau, c'est que, parmi les « acquéreurs de biens nationaux, la plupart étaient déjà « propriétaires. Le nombre fut restreint de ceux qui ne « l'étaient pas auparavant. Dans l'Indre et dans le Cher « la vente des biens du domaine et de l'église agrandit les « grandes propriétés et accrut sensiblement le nombre des « moyennes. Mais quant aux petites propriétés, elle en créa

« peu de nouvelles. Il fallait de l'argent pour acheter ; « artisans, vignerons, laboureurs, manœuvres, journaliers, « la plupart d'entre eux, où en auraient-ils pris ? Une partie « du Berry se trouvait en vente, mais ceux-là seuls pouvaient « l'acheter qui en avaient le moyen.

« De sorte que ce prodigieux mouvement qui transféra « de l'Eglise et de l'Etat aux particuliers, la propriété d'une « partie considérable du sol, n'accrut pas autant qu'on serait « tenté de le croire le persévérant achat de la terre par celui « qui la travaille » (1).

La bourgeoisie surtout acheta les biens nationaux et les paya très cher, parce qu'elle prévit la baisse des assignats. Acheter vite et payer tard, telle fut la combinaison intelligente dont profita la spéculation bourgeoise et qui n'entra pas dans la cervelle des paysans. Les délais de paiement, en effet, s'étendaient à douze années, et la baisse des assignats fut telle, que les véritables prix payés en argent, n'atteignirent la plupart du temps, que le quart du prix stipulé à l'adjudication.

Nous pouvons donc en conclure que la vente des biens nationaux fut un mauvais coup, habilement monté en haut lieu pour permettre à quelques aigrefins de réaliser une bonne affaire....... à Bénavent comme dans toute la France.

---

(1) Loc. cit. p. 256.

Troisième Partie

LES ANCIENS PROPRIÉTAIRES FONCIERS DE BÉNAVENT

I. Les Seigneurs du Blanc. — II. Les Morelon.
III. Les Rabault. — V. Les Pinault de Bonnefonds.
V. Les Tyrel de Poix.

I

Par le fait de sa possession des « *prieuré, fief, terre et seigneurie* », le monastère de Méobec fut, depuis le XIIIe siècle jusque vers le milieu du XVIIIe, le plus grand propriétaire à Bénavent ; il possédait en réalité plus du tiers des terres qui s'étendaient autour du village.

Une vingtaine de propriétaires de moindre importance, parmi lesquels on peut citer : les seigneurs de Saint-Aigny, de la Ferrandière, du Tertre, des Teissonnières et de la Milandière, les sieurs du Charrault, de la Puiserie, de la Coudraye, de la Combe, de Massougne, de Chambon, les Fontenette du Blanc, les Lagoutte, Ménigault, Peyronnet, Cardinault se partageaient, au XVIIIe siècle du moins, le second tiers des terres.

Quant au troisième, il appartenait à quatre familles : les seigneurs du Blanc, les Morelon de Pouligny, les Rabault et les Pinault de Bonnefonds du Blanc.

Nous ne nous occuperons que de ces quatre derniers, ce sont d'ailleurs les seuls sur lesquels on trouve des documents certains.

La terre et seigneurie du Blanc avec ses *appartenances*

et *dépendances*, après être passée par les mains de différentes familles qu'il serait trop long d'énumérer ici, appartenait, depuis 1738, à la célèbre Mme Dupin, châtelaine de Chenonceaux, marquise du Blanc et de Rochefort, baronne de Cors, dame de Prigny, Roches, Rollenier, Ingrandes, Saint-Aigny et autres lieux (1).

Cette grande dame, célèbre par son esprit, sa beauté et son faste, préférait les riantes tourelles de Chenonceaux aux massifs pavillons de Rochefort ; en outre elle devait trouver plus d'attrait au commerce de beaux esprits tels que Voltaire, J.-J. Rousseau, Montesquieu, Fontenelle, Buffon etc., les habitués de son salon de l'hôtel Lambert à Paris, qu'à celui de la société de province.

Elle venait donc rarement en Berry où ses nombreuses propriétés étaient administrées par un intendant, le sieur Jean-François Montreuil, bourgeois de Paris, dont on trouve le nom dans la plupart des contrats relatifs à Bénavent (2). Ajoutons que Mme Dupin possédait d'autres biens dans la paroisse de Pouligny ; elle affermait 36 livres la dîme qui lui était dûe par les habitants de ce village et 60 livres, celles de Péziers et de Coulevray.

Parmi les fiefs qui *mouvaient de* la seigneurie du Blanc autour de Bénavent, il en est deux qui nous intéressent à juste titre, ce sont les Roches et Puypélerin (3).

Le village des Roches, gracieusement perché sur une cime

---

(1) Lire à son sujet. *Les Confessions de J.-J. Rousseau*. Bibl. Charpentier, IIe partie. Livre VII. p. 280, 332, etc. ; *La Famille Dupin*, dans le *Bas-Berry*, 1876, par le Dr. *Fauconneau-Dufresne*, et *Le Portefeuille de Mme Dupin*. Paris. Calmann Lévy 1884, par le Cte *de Villeneuve Guibert*.

(2) *Arch. de l'Indre*, E. 152, etc., etc.

(3) Les terres et bois qui en dépendaient font actuellement partie de la terre de Bénavent.

pittoresque dominant la Creuse et d'où l'on jouit d'une vue admirable sur toute la vallée, se compose d'une douzaine de maisons.

Parmi celles-ci, il en est une, en ruines, comprenant deux corps de logis séparés par une cour spacieuse de bâtiments d'exploitation rurale assez importants, également délabrés. Derrière cette maison, on retrouve encore les vestiges d'un jardin d'agrément, envahi maintenant par des ronciers d'où s'arrachent à grand' peine quelques touffes de lilas. Plus loin est une sorte de parc entouré de murs écroulés. Rien ne saurait décrire la mélancolie de ces lieux, auxquels on est tenté, malgré soi, d'appliquer le « *sunt lacrymæ rerum* » du poète.

L'aspect de ces ruines indique clairement qu'on se trouve en présence des restes, non de l'habitation d'un paysan, mais de celle d'un gros fermier, peut-être de l'intendant d'un seigneur : c'est là qu'était autrefois le fief des Roches.

En 1436, Gilet Pèle qui habitait, à peu de distance le manoir de Puypélerin, en était possesseur, ainsi qu'il ressort de l'*aveu* fait par ce seigneur, « *à cause de sa femme Johanne du Mons, à son très chier seigneur, Monseigneur d'Oublanc en Berry, à scavoir : les cens et dixmes de Bienavant, la dixme et le terrage des Rouches, vallant deux solz*, etc., etc... » (1).

Les dîmes des Roches ne devaient pas être au Moyen Age une quantité négligeable, car il en est encore fait mention dans un contrat, de 1560, par lequel Pierre Morelon, seigneur de la Roche Morelon, les cède à « un homme de bras,

(1) Pièce justif. 82.

pour sept ans, moyennant huit septiers de blé et par quart » (1).

Il est assez difficile aujourd'hui, vu l'absence de documents et le morcellement des terres, de se représenter ce qui composait autrefois le fief des Roches.

Nous pensons que l'huilerie de Bénavent en dépendait ; en tous cas, cet établissement appartenait aux seigneurs du Blanc qui l'affermaient, ainsi que le prouve un contrat passé en 1604, entre Jean Berthommier et Antoine d'Aloigny, chevalier des ordres du roi, seigneur de Rochefort et du Blanc. Cette huilerie était d'un bon rapport, car le bailleur recevait tous les ans, quatre livres en argent, et en nature dix pintes d'huile et un chapon (2).

En 1728, le fief des Roches comprenait outre une assez grande étendue de bois, la *tenue* des Mallanges, celle des Vignaux (de Pouligny), le champ Durand, le buisson à Guiot et une métairie : la maison de maître en ruines que nous avons décrite plus haut.

A la fin du XVIIIe siècle, les Bichier des Ages (3) étaient propriétaires de la métairie des Roches ; ils possédaient, en outre dans la paroisse de Pouligny la borderie de Champ Cornu et deux autres à Azé, pour lesquelles ils payaient une rente de quarante livres à l'hospice du Blanc (4).

Les Bichier ont joué un certain rôle dans la région et méritent qu'on leur consacre quelques lignes.

---

(1) *Arch. de l'Indre*. E. 152.
(2) Pièce justif. 42.
(3) Les Ages, terre et château du XVe siècle, aujourd'hui propriété du comte H. de Bizemont.
(4) Arch. de l'étude de Bruchard, au Blanc.

« La famille Bichier, dit Pallet, tenoit depuis longtemps « un rang aussi honorable que distingué dans la ville du « Blanc en Berry, d'où elle est originaire, lorsque Maurice « Bichier, sieur de Chantegrelet, fut pourvu d'une charge de « Trésorier de France au bureau des Finances de Bourges « (13 mars 1656). Il y a plus de deux cents ans que la terre et « seigneurie des Ages, situées paroisse de Saint-Génitour, à « une demi lieue du Blanc, appartient à cette famille. La « tradition nous apprend qu'un des auteurs de cette famille « s'est distingué dans la défense de la ville du Blanc et « donna les plus grandes preuves de bravoure, combattant « les ennemis du Roy qu'il mit en fuite et se replièrent sur « l'abbaye de Saint-Cyran, à quatre lieues du Blanc.

« Les Bichier portoient de sable, à la biche passante « d'argent accolée d'or » (1).

En 1792, la famille Bichier était représentée au Blanc par Antoine deuxième du nom, écuyer, seigneur de la Petite Forêt et des Ages, conseiller procureur du roi et commissaire des poudres et salpêtres. Il avait épousé demoiselle Marie Augier de Moussac, fille de Messire Laurent Augier, écuyer, seigneur de Moussac, le Breuil, l'Hérignac et autres lieux, lieutenant général civil honoraire de la Sénéchaussée royale de Montmorillon en Poitou.

« La famille Augier, dit Pallet, alliée à celle des Bichier « depuis cent six ans, est très ancienne et très recommandable dans le Poitou où elle tient un état considérable ; elle « s'est distinguée dans l'état ecclésiastique, le militaire et la « magistrature » (2).

---

(1) Pallet. *Nouvelle histoire du Berry*, 1783. T. II, p. 453.
(2) Ibid. p. 458.

Antoine Bichier mourut le 17 janvier 1792, et fut enterré le 18 dans le cimetière de la paroisse Saint-Génitour. Il avait eu cinq enfants, Antoine troisième du nom (décédé en 1767), Antoine Maurice Laurent, né en 1768, Antoine François, né en 1770, et une fille unique, Jeanne Elisabeth Marie, née en 1773.

Celle-ci devait jeter un certain lustre sur sa famille par sa conduite courageuse pendant la Révolution et, plus tard, en fondant à La Puye près de Saint-Pierre de Maillé dans la Vienne, la congrégation des Sœurs de la Croix de Saint-André dont elle devint supérieure générale en 1820. Elle mourut à La Puye, en odeur de sainteté, le 26 août 1838 (1).

Dès le début de la Révolution, Antoine Maurice Laurent Bichier avait émigré et faisait partie de l'armée de Condé ; d'après le décret de 1792, ses biens furent confisqués.

Sa mère qui, en qualité de mère d'émigré avait, suivant le texte de la loi, droit au partage de ces biens avec la Nation, ne pouvait arriver à se faire mettre en possession de ce qui lui était dû. Elle se décida donc, pour faire valoir ses droits, à engager un procès devant le tribunal de Châteauroux.

La santé chancelante de Mme Bichier l'ayant empêchée de se rendre dans cette ville, sa fille Elisabeth, frêle enfant de vingt ans, n'hésita pas à quitter les siens et à passer de longs mois, seule, à Châteauroux, où elle vécut dans la plus cruelle détresse, pour suivre les phases du procès (2).

Elle le perdit sans doute et dût racheter une partie des

---

(1) Lire à ce sujet, *Vie de la bonne sœur Elisabeth Bichier des Ages.* Poitiers. Oudin 1875, par le P. Rigaud et *Vie de la sœur Marie Elisabeth Bichier*, par X... Châteauroux. 1884.

(2) Abbé Guidault. loc. cit. p. 64 et suiv.

biens confisqués à sa famille, car, dans le Registre de la vente des biens nationaux du district du Blanc, nous voyons, à la date du 27 messidor, an IV : Borderie des Roches, appartenant à l'émigré Bichier, rapportant 800 livres : Acquéreur, Jeanne Elisabeth Bichier, 1300 livres (1).

Quant à l'autre fief dépendant de la seigneurie du Blanc, le manoir de Puypélerin (2) dont on peut voir les ruines dans le parc du château de Bénavent, il était, comme son nom l'indique, situé sur le sommet d'une colline (3).

Non loin de là passe un sentier dit le chemin du Reclus, conduisant au hameau de la Reclusie, dans la commune de Pouligny ; il serait intéressant de rechercher s'il n'y a pas eu dans les temps éloignés une corrélation quelconque entre ces deux noms de lieux (4).

Le fief de Puypélerin semble avoir eu une certaine importance au moyen âge. En 1436, le 27 décembre, le même Gilet Pèle qui possédait le fief des Roches reconnaît tenir à hommage de son *très chier seigneur Monseigneur d'Oublanc en Berry à cause de son chastiel de Naillac, son lieu et manoir de Puy Pellerin avec garenne, vergiers et places* (5).

Le 14 mai 1545, Louis Arcemale, écuyer, au nom d'Antoinette Chevalleau sa femme, et de ses frères et sœurs relevant de Naillac, fait *aveu* à François Vendôme, baron de Preuilly

---

(1) Lors de la répartition du milliard des émigrés en 1825, la famille Bichier toucha 4.345 fr. (*Arch. de l'Indre*, Série Q).

(2) Sur le cadastre Pepellerin.

(3) Le nom de *puy*, si commun dans le Midi dans le sens de montagne, se retrouve dans les environs du Blanc avec de nombreuses variantes, toutes tirées comme lui du latin *podium* : le Peu, Peubert, Peulorge, le Pié du Tour, Pied Marteau, le Petit Pot, le Puant, Puyrajoux.

(4) On appelait *reclus*, au moyen âge, de saints personnages qui se condamnaient à vivre dans une sévère retraite.

(5) Pièce justif. 82.

et seigneur du Blanc, du lieu et seigneurie de Puypélerin qui, *pour cause des guerres, est de présent en simple et de petit estat, debbaty et fort désolé* se composant de bois, granges et vignes (1).

En 1612, *Pierre et Claude d'Arnac, seigneurs de la Milandière* (2) *et de Puylorge* (3) *y demeurans à Raiffect-le-Chastiel*, cèdent à Antoine d'Aloigny le fief de Puypélerin, *tenue* de la maison noble de Rochefort pour 2.300 livres.

Celui-ci le rétrocède à son tour à un nommé Gabriel Billard, que nous voyons habiter le *lieu noble de Puy Pellerin* en 1618 (4).

Ce manoir ne se releva jamais complètement du *petit estat* dans lequel il se trouvait en 1545 ; cependant on dut utiliser ce qui restait de ses bâtiments, car au XVIIIe siècle, nous y trouvons installée une brigade des gabelles.

L'immense consommation de sel qui se fait journellement avait donné à presque tous les états l'idée de frapper cette substance d'un impôt ou même de s'en attribuer le monopole.

Ce monopole connu en France sous le nom de gabelle a subsisté jusqu'à la Révolution.

La quotité de taxe à payer variait selon les provinces ; ainsi on distinguait les pays de grande gabelle qui payaient le maximum de l'impôt, et les pays de petite gabelle qui en payaient le minimum ; les provinces qui en étaient exemptes étaient dites provinces redimées ou *pays de franc salé.*

---

(1) *Arch. de l'Indre*, E. 152.
(2) Ancien château de Pouligny-Saint-Pierre.
(3) Peulorge, terre et château situés dans la commune de Ruffec-le-Château, aujourd'hui propriété du baron d'Oiron.
(4) Pièce justif. 18.

Le Berry était de grande gabelle, il avait ses greniers d'impôt et ses greniers de vente volontaire ; le Poitou, pays rédimé, n'en étant séparé en plusieurs endroits que par la largeur de la Creuse, les bords de la rivière étaient le siège d'une active contrebande. Les vieilles gens de Bénavent se rappellent encore avoir entendu parler dans leur jeunesse des batailles homériques qui avaient lieu dans les bois de Puypélerin entre *gabelous* et *faux sauniers*.

Nous connaissons le nom de quelques-uns des agents qui faisaient partie de cette brigade En 1709, Pierre Loiseau en était capitaine, François Loiseau, lieutenant, Nicolas Cromier sieur de Champigny garde, et Moreau simple employé. En 1712, nous trouvons François Chesneau capitaine et Antoine Penard employé ; enfin en 1714, Charles Labarte, capitaine.

Vers le milieu du XVIIIe siècle, les villes berrichonnes qui se trouvaient sur la frontière du Poitou, du Limousin et de la Marche ayant joui du bénéfice du rachat, la brigade de Puypélerin fut supprimée (1); le manoir devint le siège d'une exploitation rurale, puis peu à peu tomba en ruines. La végétation l'envahit et aujourd'hui on n'en distingue plus les vestiges que lorsqu'on y fait une coupe de bois.

---

(1) Le bénéfice du rachat pour Le Blanc s'étendit aux paroisses de Pouligny, Douadic, Lingé et Rosnay.

II

Au XVIe siècle, les Morelon, seigneurs de la Roche-Morlon, du Fresne, d'Avignon et de Montaigu étaient propriétaires à Bénavent d'un pré, d'une importante métairie et de la grande île sur la Creuse, dite aujourd'hui l'*Ile de Communauté.*

Dans les nombreuses chartes relatives à cette famille, on trouve son nom orthographié avec ou sans e ; l'étymologie en étant certainement Morel ou Moreau, nous avons adopté la première manière, la considérant comme la plus logique (1).

Les Morelon habitaient primitivement le château de la Roche, fief dépendant de l'abbaye de Méobec, situé dans la paroisse de Pouligny et auquel ils avaient accolé leur nom ; Nicolas de Nicolay, en 1567, le cite en ces termes « *le chastel de la Roche Morlon, maison noble de Montagu* ». Aujourd'hui, ce n'est plus qu'un amas de ruines pittoresques, difficiles à trouver au milieu des bois du Suin.

Le plus ancien document que nous possédions sur les Morelon remonte à l'année 1424, où nous voyons noble homme Antoine Morelon, écuyer seigneur du Fresne, céder à Jean Macé, seigneur de Saint-Aigny, la métairie du Chastellet qu'il possédait dans cette paroisse. Cet Antoine Morelon et sa femme Perrine Guérin avaient fondé dans l'église Saint-Génitour du Blanc une chapelle dédiée à

(1) Voir le *Dictionnaire d'Etymologie française* de Stappers, article 5092. D'après cet auteur, Morel, Moreau voudraient dire *noir* : étymologie More (Maure).

Notre-Dame de la Pitié, pour l'entretien de laquelle ils s'obligeaient, eux et leurs descendants, à verser tous les ans la somme de 100 livres (1).

A peu près à la même époque, un de leurs parents, Guillaume Morelon, se signalait par une action d'éclat.

En 1419, pendant le cours de la Guerre de Cent Ans, Jean de Naillac, Grand Pannetier de France, seigneur du Blanc, Châteaubrun, Gargilesse, Mondon, Bridiers, etc., etc., et dont les ancêtres possédaient depuis quatre cents ans la terre et seigneurie du Blanc, avait été tué à la funeste bataille de Rouvray-Saint-Denys, près de Chartres, dite la *journée des harengs*.

Ce seigneur étant mort sans laisser de postérité de sa femme Ysabeau de Gaucourt, ses héritiers naturels étaient ses trois sœurs Jeanne de Giac, Marguerite de Preuilly, Jeanne de Brosse, ou les ayant-droits des deux premières qui, ainsi que leurs époux, l'avaient précédé dans la tombe (2).

Le partage des immenses domaines que laissait Jean de Naillac et qui ne comprenaient pas moins de quatre-vingt dix-huit paroisses, donna lieu à des contestations et à des usurpations de toutes sortes, d'aûtant plus qu'était venu s'y joindre celui des successions de ses sœurs et beaux-frères décédés avant lui. — La liquidation de ces différentes successions donna lieu à des procès qui durèrent cent quinze ans.

Jean de Brosse, seigneur de Sainte-Sévère, dit le maréchal de Boussac, beau-frère de Jean de Naillac, s'étant cru lésé

(1) Pièce justif. 78.
(2) Voir Gaudon, *Histoire du Blanc*, p. 112 à 120.

dans sa part d'héritage vint, à la tête d'une armée, mettre le siège devant Le Blanc ; cette ville avait été attribuée à sa nièce Marguerite, épouse de Pierre Frottier, baron de Preuilly et seigneur d'Azay-le-Ferron.

Ville et château étaient confiés à la garde du capitaine Guillaume Morelon. Ce fidèle serviteur, sommé d'ouvrir les portes s'y refusa, et durant trois jours, avec une poignée d'hommes, tint tête à l'armée du maréchal.

Malgré l'héroïsme de ses défenseurs, Le Blanc finit par être emporté d'assaut. Le château fut pillé, la ville saccagée ; Morelon, dépouillé de tous ses biens, fut emmené captif chez le vainqueur qui lui fit subir les plus cruels traitements ainsi que le prouve la charte suivante :

« *Après la prinse d'iceluy chastel, le feu de Boussac, fist prendre le dict Morelon et mener en prison au lieu de Boussac le chastel, et lon faict jetter en la rivière par un appelé Jean de Charon qui le tenoit et gardoit lors* (jusqu'à ce que) *s'il voulust présentement payer 400 vieux écus de rançon à quoy il l'avait mis et taxé* (1), *comme nous est apparu par les lettres dudict Boussac, sygnez de sa propre main* ».

Etant parvenu à rassembler la somme exigée, le vaillant capitaine put regagner son château de la Roche-Morlon.

Peu de temps après, le 28 septembre 1435, comme on le voit dans la même charte, Pierre Frottier, seigneur du Blanc et de Preuilly et sa femme Marguerite « *en recompensation et remunération des pertes faictes par ledict Morelon, lors de la prinse du Blancq, par le feu seigneur de Boussac et où*

(1) Lire le récit de ce dramatique épisode, spirituellement raconté par M. J. de Vorys, dans la *Revue du Berry*, de 1895, p. 90.

tous ses biens estoient retraicts en hayne de nous et pour ce qu'il s'est déclaré garder notre juste et loyal droit a ceste occasion, lui ayant cousté 500 escus nonobstant la perdition de tous ses biens, montant à la somme de 500 escus et plus, comme d'or, d'argent, vaïsselle d'argent, bagues, joyaux, linge, robbes et autres choses estant retraicts audict chastel du Blancq, voulant en outre qu'il soit récompensé de sadicte perte et rançon, montant en la valleur de 1000 vieux escus », lui donnaient et octroyaient :

« Un hôtel et des terres au Blanc (1), les 400 vieux écus de rançon payés au maréchal de Boussac ; exemption d'impôts « à toujours » ; droits de chasse sur la terre du Blanc, de pêche sur les rivières de Creuse et d'Anglin, de justice haute, moyenne et basse sur la paroisse de Douadic (2).

Quelques années après, un autre Guillaume Morelon « *prestre, notaire juré du scel aux contracts de Poictiers, estably au lieu du Blancq* », signait, en cette qualité, de son seing manuel, le testament de Pierre Frottier et de Marguerite de Preuilly (8 février 1444), et un codicille ajouté par cette dernière. (10 août 1445).

En 1467, un *aveu* fait à Brégent Frottier, leur fils, par Pierre de Poix, écuyer, seigneur de Chanteloube, porte la signature de Pierre Morelon, bachelier, garde du scel.

Enfin, en 1498, nous trouvons une transaction entre François Guillebard, fils de feu Jean Guillebard et de

---

(1) On peut voir l'emplacement de cet hôtel sur le plan de la ville dressé en 1747, par Gayet, géographe, et qui est conservé dans la grande salle de la Mairie de la ville. L'hôtel Morelon était situé sur la rive gauche de la Creuse, et faisait le coin de la place de la Palice.

(2) *Arch. de l'Indre*, E. 9.

Catherine Morelonne, d'une part, et Jean Macé, seigneur de Saint-Aigny, d'autre part (1).

Au commencement du XVIe siècle, trois Morelon faisaient partie du clergé : Martial était curé de l'église Saint-Génitour au Blanc, François, prieur de Bénavent et curé de Pouligny, et un peu plus tard, Antoine, curé de la même paroisse.

Cependant, le personnage le plus important de la famille, à cette époque, semble avoir été « *noble et saige maistre François Morelon, escuyer, seigneur de Montagut, conseiller du Roy nostre Sire et procureur dudict Sire au Parlement et duché de Normandie* ».

Il figure sous ces titres dans un acte du 2 avril 1541 où on le voit, lui, son frère Claude écuyer, et sa sœur Françoise, épouse de messire Jehan Guéret, se partager les grands biens que laissait leur frère, « *noble, circonspecte et discrette personne, Antoine Morelon, en son vivant curé de Pouligné, et estant allé de vie à trespas* ».

Cet héritage, auquel s'étaient joints ceux d'Esnard et de Génitour Morelon, père et frère des dits sieur procureur, Claude et Françoise, comprenait : « *une grande maison assize en la ville du Blancq* (2), *un fonds de pré chargé de vingt solz de rante envers le curé de Saint-Syrang, une petite maison assize vis-à-vis la chappelle, appelée la Rochette, un champ et une terre labourable situez soubz la garenne dudict Blancq, estant du fief de Serez* (3) *et tenu a cens et rante dudict sieur procureur, une chennevière assize prest l'église de Saint-*

(1) *Arch. de l'Indre*, E. 442.

(2) Très probablement celle que Pierre Frottier avait donnée à leur ancêtre Guillaume.

(3) Céré : terre et château du XVIe siècle, appartenant aujourd'hui au Vte L. de Tristan.

Génitour dudict Blancq, la mestayrie, ysle et pré de Biennavant, une pièce de vigne assize au villaige des Rouches, un pré appelé le pré de la Tour, assis prest le villaige de Hallon, etc., etc. (1) ».

Est expressément rappelée dans cet acte, l'obligation des héritiers de verser tous les ans la somme de cent livres affectée par leur ancêtre Antoine, à l'entretien de la chapelle de N. D. de la Pitié, dans l'église Saint-Génitour du Blanc.

En 1551, Abel Girault, laboureur, demeurant au village d'Avignon, paroisse de Douadic « *advoüe tenir de Mychel Morelon, escuyer, escollier, estudiant en l'université de Poictiers, comme ayant droict et transport de Messire Morelon, son père, à cause du fief de Fiesque* (?) *une pièce de terre contenant quatre boicellées, assize au champ Albyu* (?) *pour raison de laquelle pièce de terre, il doibt et promect payer par chacung an audict Morelon, audict nom, six deniers tournoiz de cens au jour et terme de Pasques Fleuries* (2). »

C'est vers cette époque que le château de la Roche-Morlon, tombant en ruines, dut être abandonné par ses possesseurs. Le dernier d'entre eux qui y habita, fut sans doute ce « *Pierre Morelon, escuyer, seigneur de la Roche Morlon, y demeurant paroisse de Saint-Pierre de Pouligny* », que nous avons vu céder à un homme de bras ses dîmes des Roches, en 1560 (3).

François Morelon, le procureur du Parlement et duché de de Normandie, devenu veuf, entra dans les Ordres et se retira en son château d'Avignon, dans la paroisse de Douadic. Étant marié, il avait eu une fille, Marguerite, dont il accorda

(1) Aujourd'hui *Aslon*, paroisse de Lingé. — Pièce justif. 78.
(2) *Arch. de l'Indre* E. 591.
(3) Voir p. 117.

la main en 1551 à « *noble homme Charles de Mesnard, maistre d'hostel de Monseigneur le duc d'Aumal, fils de deffunct noble homme Bertrand de Mesnard, en son vyvant seigneur de la Mesnardière et lieutenant du capitaine de la ville et chasteau Cadix* (?) (1) ».

Le contrat de mariage passé au château d'Avignon, le 29 février 1551, en la présence de « *révérent père en Dieu, Louis Mesnard, abbé de Barbery* (2) *et prieur de Saint-Gilles du Pont Chaudier et de maistre Jehan le Chanteur, escuyer* », attribuait en dot à la jeune épouse, entr' autres biens, les fiefs, terres et seigneuries de Montaigu et de Céré.

Marguerite de la Ménardière eut à son tour une fille, Françoise, qui épousa, le 24 juillet 1581, Jean de Boisbertrand, seigneur de Connives, en la paroisse de Thenay.

Par son mariage, Françoise de la Ménardière, héritière principale de sa branche, apportait dans la famille de son mari les grands biens des Morelon ; après les Boisbertrand, ces biens passèrent, par suite d'alliances, entre les mains de la famille de Boislinard (3).

L'un de ceux-ci, Jean, par contrat passé le 21 novembre 1701 devant Mauduyt, notaire royal, vendit à François de Vaillant, chevalier, seigneur d'Avignon, pour la somme de 4.500 livres au principal, ce qui lui restait de l'héritage des Morelon.

En 1784, les ruines du manoir de la Roche-Morlon et les terres avoisinantes appartenaient à Messire François, comte d'Aubéry du Maurier, chevalier, seigneur de la Fontaine

---

(1) Pièce justif. 79.
(2) Au diocèse de Bayeux.
(3) *Généalogie de la famille de Boislinard*, par C. de Boismarmin. Bourges. Tardy-Pigelet. 1892. p. 120.

Daugers, Saint-Sulpice, Avignon, Salvert, Montaigu, etc... époux de dame Françoise de Créqui (1).

A côté de la branche aînée des Morelon qui s'était éteinte au milieu du XVIe siècle, après avoir donné cinq générations depuis Antoine Morelon, il y en avait une, cadette, qui semble avoir eu moins d'importance.

Dans cette branche, nous trouvons, vers 1600, un Jacques Morelon, qui avait épousé Gigonne d'Heurre, et fut père de Catherine, femme d'Alexandre de Siben (2) ; en 1718, un Gabriel Morelon était propriétaire de l'*hostel et habergement des Granges*, près Pouligny.

Enfin, en 1657, un riche paroissien de l'église Saint-Génitour du Blanc, Pierre Morelon, digne successeur de la piété de son ancêtre Antoine au XVe siècle, sollicita et obtint la permission de faire construire en cette église, deux chapelles latérales, existant encore aujourd'hui. La première, à droite, près du clocher, fut dédiée à la Sainte-Vierge, la seconde en face, le fut à Saint-Pierre, patron du fondateur (3).

Les Morelon, autant qu'on peut s'en rendre compte d'après l'écusson en relief surmontant l'inscription de la chapelle de Bénavent et que n'a pas épargné le marteau des stupides vandales de 93, devaient porter *d'azur à la tour crénelée d'argent* ; de la porte de la tour semble sortir *un fleuve d'or*.

(1) Arch. de l'étude de Bruchard au Blanc.
(2) Arch. du château de Connives, propriété de la famille du Ligondais.
(3) Abbé Guidault, loc. cit. p. 242.

III

La famille Rabault, encore si honorablement représentée à Bénavent, est la seule encore existante, y ayant possédé des biens avant la Révolution.

Les Rabault. demeuraient au Blanc, d'où ils étaient originaires, et leur habitation de Bénavent était une simple maison de campagne entourée de vignes où ils venaient passer l'été. Ce n'est qu'en 1860, qu'ils l'agrandirent et s'y fixèrent définitivement.

Cette famille remonte bien au-delà du XVIIe siècle, mais nous ne possédons pas sur elle de documents antérieurs à cette époque. En l'année 1660, quatre souches la représentent au Blanc dont les chefs sont Antoine, François, Anselme et Jean.

1° Antoine Rabault, procureur du roi en l'élection du Blanc, avait épousé Louise Milon, fille d'Anselme Milon, sénéchal de la Trimouille en Poitou, et sœur de Pierre Milon, docteur régent de la Faculté de Médecine de Poitiers, médecin des rois Henri IV et Louis XIII. Antoine Rabault mourut en 1602 ; le 24 septembre de la même année, sa veuve cédait à Florent de Ravenel, écuyer, seigneur de la Rivière (1) ses droits dans la rente de cinquante livres tournois constituée par Pierre Balangier de la Trimouille, en faveur du père de la cédante (2). Antoine Rabault eut

(1) Château du XIVe siècle et terre, aujourd'hui propriété de M. Herbet.
(2) Communiqué par M. Aubrun, le distingué généalogiste poitevin.

sept enfants, parmi lesquels Françoise, mariée à Jean Jacquet, receveur des tailles au Blanc.

2° François Rabault, marchand, épousa en 1607 Anne Renault dont il eut un fils, Antoine, né le 10 août 1608. En 1605, Françoise de Chabot, au nom de Charles de la Rochefoucauld, seigneur du Blanc, son époux, donnait à bail à François Rabault la moitié de la seigneurie du Blanc moyennant 900 livres par an. (1)

3° Anselme Rabault, écuyer, sieur des Cloux (2) licencié ès-lois, devint conseiller de la couronne, lieutenant civil et criminel de robe courte à Montmorillon avec résidence au Blanc, puis treize ans après, en 1649, prévôt de la maréchaussée de cette dernière ville. Il avait épousé en 1648 demoiselle Françoise d'Arnac, dont il eut trois enfants : Pierre, écuyer, seigneur des Cloux, prévôt de la maréchaussée, époux de Gabrielle-Anne de Montmorency des Fosseux (3), Jeanne, femme de Joseph de Fougières, chevalier, seigneur de Milloux (paroisse de Chaillac), et Anselme, marié à Marie Roullain.

4° Jean Rabault, procureur fiscal aux gabelles, épousa en 1605 Françoise Moutard. Il eut comme enfants Charlotte, mariée en 1625 à Pierre Pinault de Bonnefonds, Louise, épouse de Léonard de la Géhélie, écuyer (décédé au Blanc en 1679), Jean, avocat, qui succéda en 1645 à son père dans sa charge de procureur fiscal et un autre fils Antoine.

Ce dernier, qui prit le nom de sieur de Lozelière, s'unit le

---

(1) *Arch. de l'Indre*, A. p. 29.
(2) Petit village situé sur la route du Blanc à Pouligny.
(3) Cette famille avait une parenté lointaine avec celle du célèbre connétable. Elle habitait Le Blanc où elle a laissé quelques souvenirs.

21 juillet 1648, dans l'église de Fontgombault, avec Louise, fille de Pierre de Mauvise, (1) écuyer, seigneur de Tilloux, paroisse de Sauzelles et d'Isabeau de Grailly, descendante du fameux captal de Buch, dont il eut seize enfants.

Parmi les personnages marquants qu'a produit la famille Rabault au XVIIe siècle, nous pouvons encore citer Pierre, écuyer, seigneur de la Chauvellière, marié à Elisabeth de Greaulme, dont un fils, Antoine Rabault, écuyer, seigneur de Brétignolles, procureur en l'élection du Blanc, qui épousa le 26 août 1692 Marie-Magdeleine Mangin, fille d'Etienne Mangin, sieur de Pouzioux, et de Marie Jacquet.

De ce mariage naquirent dix enfants parmi lesquels deux filles, Rose et Marie ; la première fut femme de Silvain Barbe, écuyer, seigneur de la Tour Vouillon et de Roches, paroisse de Concrémiers, et la seconde, de Claude comte de Lafaire, sieur des Prés, seigneur de Château-Guillaume, Vauzelles, etc. etc., issu d'une des premières familles du pays.

Ajoutons qu'en 1633, Antoine, et en 1637, François Rabault étaient conseillers au présidial de Poitiers.

A la fin du XVIIe siècle, une branche de la famille Rabault acquérait dans la paroisse de Douadic le fief du Fresne, relevant des seigneurs du Blanc ; elle conserva ce fief jusque dans le cours du XIXe siècle où elle le céda à la famille Bastide de Villemuzeault. Les Rabault possédaient de ce chef les métairies du Grand et du Petit Chauvigny et celle des Fontaines, au sujet de laquelle ils eurent à soutenir contre Pierre Hérault de la Véronne un interminable procès.

---

(1) La famille de Mauvise, une des meilleures du pays, tire son origine de Guillaume de Mauvise, damoiseau vivant au XIIIe siècle.

En effet, commencé en 1769 devant la justice du Bouchet, porté ensuite à Châteauroux, ce procès ne fut terminé que par un arrêt du Parlement de Paris du 2 août 1777, donnant tort aux Rabault (1).

En 1730, Pierre Rabault, sieur de la Chevallerie, prévôt de la maréchaussée du Blanc, comme plusieurs de ses ancêtres, habitait le lieu noble de la Massottière, paroisse de Béthines. De sa femme dame Louise Lebœuf il eut une fille, Marie, qui ainsi que son époux, maître Gaston-Alexis Clément, sieur de Beauregard, habitait la ville de Bélâbre.

Antoine Rabault, procureur fiscal, marié vers 1730 avec Marie Poiron, eut deux fils, Pierre et Alexis, et une fille, Marie-Magdeleine, née le 4 février 1736. Celle-ci, morte à la fleur de l'âge, fut inhumée dans la chapelle de Bénavent comme son père devait l'être lui-même en 1763. Antoine Rabault s'était rendu acquéreur de la terre noble de Vilnay, située près du Blanc, en 1741.

Son fils Pierre épousa en 1768, à Pouligny, demoiselle Jeanne Rosfay, fille d'Antoine Rosfay, avocat en Parlement et de dame Marguerite Danis du Blanc. Jeanne Rosfay était la nièce de messire Pierre-Claude Rosfay, curé recteur de la paroisse de Pouligny lequel, pendant la Révolution, donna sa démission pour raisons de santé (2). Une autre nièce du curé Rosfay épousa Pierre Fontenettes de Boisgoulard, chevalier de saint Louis, ancien commandant des grenadiers de Dauphiné (3).

---

(1) Voir à ce sujet *Une fortune terrienne pendant deux siècles*, par G. de la Véronne, Le Blanc, Dupin 1912, p. 54, 55, 56.

(2) Le Primidi de la 3e décade de frimaire, 2e année de la République une et indivisible.

(3) C'est de lui que proviennent les terres de Bouigevert et de Boisgoulard possédées encore aujourd'hui par la famille Rabault.

Sous le premier empire, Pierre Rabault fut inspecteur de la voirie de l'arrondissement du Blanc. Des quatre fils nés de son mariage avec Clotilde de Beauchamp, Emile mourut jeune, Pierre-Albans habita Le Blanc, Gédéon alla se fixer à Preuilly en Indre-et-Loire, Charles-Abel fut maire de Pouligny de 1882 à 1890 et il mourut à Bénavent, en 1891.

Charles-Abel Rabault avait épousé Mademoiselle Marie-Emilie Soumain, descendante du célèbre médecin de Catherine de Médecis, sœur du préfet de l'Empire et nièce du général Soumain.

Comme on le voit, la famille Rabault a tenu une des premières places dans la région et si ses représentants n'ont pas relevé un des nombreux titres de noblesse auxquels ils ont droit, c'est qu'ils ont estimé que pour tous ceux qui connaissent l'histoire du pays, ils n'avaient pas besoin de le faire.

En plus des familles que nous avons citées dans cet essai de généalogie, les Rabault se sont alliés aux Delacoux de Marivault, de Régis, Guyot de Monserand, Lescot de la Millandrie, Duhail, de Boissoudy, Bouillet, etc., etc.

IV

BIEN qu'ils ne résidasssent pas à Bénavent, les plus grands propriétaires fonciers au XVIIIe siècle, y furent les Pinault de Bonnefonds, à qui l'abbaye de Méobec avait cédé la plus grande partie des terres dépendant du prieuré.

Cette famille, éteinte aujourd'hui, tirait son nom d'un petit castel et d'une métairie situés dans la paroisse de Douadic, le Pin et la Fontaine (1). Elle vint s'installer au Blanc à la fin du XVIe siècle par suite du mariage de Nicolas Pinault avec demoiselle Françoise Soulette, issue d'une ancienne famille de cette ville et héritière par son grand père des *fief, hostel et lieu noble des Pilliers* (2).

Le fief des Piliers relevait au devoir d'une *paire de gants vallant deux sols huit deniers tournoiz* de la seigneurie de La Forest, sise près du Blanc, appartenant depuis plusieurs siècles aux Du Chier. Le personnage le plus connu de cette famille fut le calviniste René du Chier, seigneur de La Forest et de Launay, chevalier, maître d'hôtel ordinaire du roi et beau-père d'Antoine d'Aloigny qu'il précéda dans le pillage des biens de l'abbaye de Fontgombault, au moyen d'un confidentiaire.

---

(1) Aujourd'hui propriété de M. de Liron d'Airoles.
(2) On trouve dans les chartes : en 1535, Jean Soulette, en 1555 François Soulette, en 1556 Jean Soulette étudiant à Paris, en 1584 noble Pierre Soulette, en 1608, François Soulette religieux profès à l'abbaye de Fontgombault.

Le fief de la Forest relevait lui-même des seigneurs du Blanc, ainsi qu'on le voit dans un *aveu* fait le 20 décembre 1715 par Mathieu Pinsonneau, marquis du Blanc, à Henri de Bourbon, duc de Châteauroux (1).

Le 9 janvier 1602, Nicolas Pinault, à cause de sa femme Françoise Soulette, reconnait devoir à René du Chier, le fief des Piliers, comprenant : un hôtel et maison nobles, des jardins, vignes et terres labourables, situés au faubourg des dits Piliers, liberté de vendanger en tout temps, droits de pêche sur la Creuse à tous chalands et engins — sauf les défendus — plusieurs cens et rentes, une maison située rue de Ruffec, tenant du portail de Ruffec à la Croix des Combes, le champ des Trois Roues (2) etc., etc.

Le quartier des Pilièrs où se trouvait la demeure des Soulette fut, jusqu'à la fin du XVIIIe siècle, une agglomération de maisons et de jardins, un quartier *extra muros* de la ville basse du Blanc, bordé à l'ouest dans toute sa longueur, par la rue Sainte-Catherine qui le séparait des dépendances du couvent des Augustins (3).

Cet endroit n'était pas seulement un lieu noble, il était encore, comme son nom l'indique un lieu de supplice ; (4) c'est là, sur un tertre encore visible à gauche de l'entrée de la maison de Mme de Lesterps de Beauvais, que se dressaient les fourches patibulaires, où on faisait autrefois bonne et prompte justice des malandrins de la région.

(1) *Arch. de l'Indre*, A. 105.
(2) *Arch. de l'Indre*, E. 158.
(3) Au moyen-âge, alors que Le Blanc était entouré de murailles, deux des portes d'entrée de la ville à l'est se trouvaient dans la rue Sainte-Catherine, l'une dans le haut, l'autre, dite porte de Ruffec, exactement au commencement de la rue de Ruffec actuelle.
(4) *Pilliers* : nom donné couramment autrefois aux poteaux de justice.

Malgré ce lugubre voisinage, ce quartier semble avoir été fort habité ; nombreuses sont les personnes dont on peut relever les noms sur les registres de catholicité de l'église Saint-Génitour comme décédées au *faux bourg des Pilliers.*

Au XVIe siècle, les Soulette occupaient là une vaste maison Renaissance, récemment démolie ; quant aux Pinault de Bonnefonds, désireux probablement de fuir le spectacle des Piliers, ils firent construire au XVIIe siècle, un peu plus bas, en bordure de la rue Sainte-Catherine, la belle habitation dite encore aujourd'hui, *maison Pinault* (1).

La grande particularité de la demeure des Soulette fut qu'elle était construite presqu'au-dessus d'une grande chapelle souterraine ; cette chapelle, inconnue de la plupart des habitants de la ville du Blanc dont elle est cependant une des plus grandes curiosités, a été étudiée pour la première fois, il y a peu d'années, par M. Joseph Pierre, le savant archéologue à qui nous devons une bonne partie des détails inédits relatifs aux Piliers.

La chapelle qui sert aujourd'hui de cave et dans laquelle on descend par sept ou huit degrés, parait dater du XIIIe siècle ; elle est dans un parfait état de conservation, aux retombées des voûtes, on distingue encore des motifs sculptés. figures et animaux.

Elle a servi longtemps à l'exercice du culte et était un lieu d'inhumation, ainsi qu'on en trouve la preuve irréfutable dans divers documents, entre autres dans ceux-ci : « *Le 5 janvier fust enterrée dans la chappelle des Pilliers,*

---

(1) Cette maison appartient aujourd'hui au docteur Benoît.

Catherine Robin. — Le 23 février 1663, un petit de Monsieur Le Conte est enterré dans la chapelle des Pilliers » etc., etc.

Il est même présumable que c'est là que les condamnés à mort recevaient les secours suprêmes de la religion, avant de monter au gibet qui les attendait quelques pas plus loin.

Plus récemment, aux jours sombres de la Terreur, c'est dans cette chapelle que fut célébrée par un prêtre *insermenté*, la cérémonie de la première communion (1).

Après Nicolas Pinault, époux de Françoise Soulette, quatre générations se succédèrent dont le fils aîné porta toujours le prénom de Pierre et jouit de la charge honorifique de valet de chambre du roi.

1° Pierre Pinault sieur de la Touche et du Pin, épousa en 1615 à Charlotte Rabault, fille du procureur du roi en l'élection du Blanc. Ils furent tous deux inhumés dans l'église du couvent des Augustins où les Pinault avaient banc et droit de place, la femme, le 8 avril 1656, le mari, le 16 janvier 1666.

2° Pierre-René se maria deux fois ; vers 1650, il épousa, en premières noces Françoise Poiron et en secondes noces Marie Mornet, dame de Boisménard dans la paroisse de Saint-Hilaire.

3° Pierre, écuyer, sieur de la Touche et du Pin, s'unit le 20 juin 1697 avec Catherine Bastide. Il occupa les fonctions de *gendarme*, c'est-à-dire de garde d'honneur à l'église Saint-Génitour et fut enterré dans le cimetière de ladite église le 17 novembre 1722.

---

(1) Témoignage de M. l'abbé Ruaux, ancien curé de Mauvières, dont le grand-père prit part à la cérémonie.

4° Pierre, baptisé le 23 février 1704, épousa le 7 mai 1723 Marie, fille de François Le Conte, conseiller du roi et son procureur en l'élection du Blanc et de Jeanne Olivier ; Marie Le Conte, dame de Bonnefonds, fut enterrée dans le cimetière de Saint-Génitour le 1er avril 1742.

A côté de la branche des Pinault sieurs de Bonnefonds, de la Touche et du Pin, il y en eut une seconde, dite des seigneurs de Peubert à cause du château de ce nom situé dans la paroisse de Mauvières et d'où dépendaient plusieurs fiefs (1).

Les armoiries de ces deux branches étaient différentes ; les premiers portaient d'*azur au pin arraché de sinople accompagné de six étoiles d'or posées 3 et 3*, les seconds, d'*azur au chevron d'or cantonné de deux étoiles d'argent posées une en chef et l'autre en pointe*.

De ces derniers, nous savons peu de choses, sinon qu'ils furent presque tous enterrés, soit dans le cimetière, soit dans l'église de Mauvières, ainsi qu'en font foi les registres paroissiaux, où on peut lire : « Nicolas Pinault, écuyer, sieur de Peubert, inhumé dans l'église le 27 janvier 1681 (2) ; Anne de la Bussière, épouse de Silvain Pinault, sieur de Peubert, inhumée le 23 janvier 1707 ; damoiselle Claude Pinault de la Bilésière, âgée de 50 ans, décédée à Peubert, inhumée le 22 janvier 1715 ; Anne de Marans, épouse de messire François Pinault, 68 ans, inhumée le 9 mai 1769 ; messire

(1) Peubert, château du XIVe siècle, siège d'une exploitation rurale appartenant à M. Patricot.

(2) Nicolas Pinault avait épousé en 1652 Elisabeth Auboutet, fille de Louis Auboutet, écuyer, seigneur de Saint-Martin et de Foix, et de dame Marie Robin.

François Pinault seigneur de Peubert, 79 ans, inhumé dans le cimetière le 24 avril 1782. »

Avec ces derniers, morts sans descendance, finit la branche des Pinault de Peubert (1).

Quelques-uns des membres de la famille Pinault de Bonnefonds s'expatrièrent, ainsi que le prouve l'inscription placée sur la cloche de l'église de Ballainvilliers (Seine-et-Oise), laquelle a été baptisée le 6 octobre 1699. Son parrain fut messire François Pinault de Bonnefonds, écuyer, lieutenant de la capitainerie des chasses de Montlhéry, seigneur des fiefs et château du Plessis-Saint-Père, sis paroisse de Ballainvilliers, et sa marraine dame Marie de Bourlon, veuve de messire Nicolas Lepagnol, premier baron de Ballainvilliers (2).

Un Pinault de Bonnefonds, dont le portrait est conservé dans la famille de Poix, fut grand maître des cérémonies du roi Louis XV et fonda de ses deniers l'hôpital de Versailles.

D'autres embrassèrent le sacerdoce ; en 1653, Pierre Pinault était curé de l'église Saint-Génitour du Blanc. Jean, né au Blanc en juillet 1618 de Pierre et de Charlotte Rabault, docteur en théologie, fut d'abord prieur de Saint-Aigny ; en 1684, il passa à la cure de Saint-Génitour et se démit de ses fonctions en 1699 (3).

En 1728, *messire Pierre Pinault, écuyer, seigneur de Bonnefonds, demeurant en la ville du Blanc, paroisse de Saint-Génitour, reconnaît et advoue tenir de Messieurs les*

(1) Communiqué par M. Mallet, de Bélâbre.
(2) Cuvillier-Morel d'Arcy. *Généalogie de la maison des Tyrel sires puis princes de Poix*, Paris, chez l'auteur, 1869, p. 199.
(3) Manuscrit de M. Delacoux de Marivault, archiprêtre du Blanc à la fin du XVIIIe siècle.

Suppérieurs et Directeurs du séminaire des Missions Estrangères de Québecq en Canada en la Nouvelle France, etc., etc., une mesterie size au village de Biennavant, parroisse de Saint-Pierre de Poulligny, consistant en maisons, granges, estables, courtillages, jardins, chenevières, prez, terres labourables, vignes, fustayes, bois taillis, bruères, rocages et bouïges d'une étendue d'environ 1500 boisselées (1).

On se rappelle qu'à cette époque, les biens du prieuré de Bénavent, en temps que membre de l'abbaye de Méobec, ayant été dévolus au Chapître de l'évêché de Québec, celui-ci les avait attribués au séminaire de la ville. Cet établissement, dans l'impossibilité de gérer ses terres à une aussi grande distance, s'était décidé à les louer et probablement à les vendre lorsque l'occasion se présenterait. Ses plus gros fermiers à Bénavent étaient donc les Pinault de Bonnefonds qui ne devaient pas tarder à devenir propriétaires des biens dont ils étaient tenanciers.

A quelle date exacte cette mutation eut-elle lieu, les archives du château de Bénavent et celles des notaires du Blanc sont muettes sur ce point. Cependant, par la lecture d'un intéressant manuscrit provenant de la famille Pinault de Bonnefonds, on voit que celle-ci était déjà propriétaire de la terre de Bénavent en 1740.

A l'époque de la Révolution, les Pinault de Bonnefonds étaient représentés au Blanc par Jean Hercule (2), sa femme, Nicole de Brossard, et leurs trois fils, François, Pierre et

(1) Pièce justif. 64. Ces biens ont formé depuis une partie de la terre de Bénavent.
(2) Né en 1727, fils de Pierre et de Marie Le Conte.

René-Philippe, nés en 1761, 1763 et 1765. Une fille, morte en bas âge, avait été enterrée à Saint-Aigny en 1760.

L'aîné des fils, François, devint lieutenant en second au régiment de la reine Marie-Antoinette et mourut en 1787 à l'âge de 26 ans.

Quant à Pierre et à René-Philippe, ayant émigré dès le début de la Révolution, leurs biens personnels furent confisqués ; d'après le décret du 16 avril 1793, leurs parents furent déclarés *suspects* et par là consignés dans leur maison de la rue Sainte-Catherine sous peine d'arrestation réelle.

Jean Pinault dont la santé s'était altérée par suite du manque d'exercice, désireux en outre de surveiller ses propriétés de Bénavent et de Douadic, ne craignit pas d'écrire au citoyen Lejeune, le farouche représentant du peuple et commissaire de la Convention pour le département de l'Indre, afin de solliciter l'autorisation d'aller et venir.

« Lejeune, qui se trouvait alors à Bélâbre, dit M. Chertier, « daigna lui répondre que la municipalité du Blanc était « absolument maîtresse de faire droit à sa demande et de « prendre telles mesures que sa sagesse et sa prudence lui « suggéreraient. Le conseil, surpris de cette bienveillante « réponse s'empressa de permettre au citoyen Pinault de « sortir chaque jour à partir de deux heures de l'après-midi « jusqu'à huit heures du soir, mais sans pouvoir franchir « l'enceinte de la ville ni communiquer avec les autres « personnes détenues et consignées. (2 mai 1793) » (1).

Cependant, peu de temps après, Jean Pinault quittait la ville et était réduit pour vivre, à se faire professeur au collège

(1) *Le Blanc pendant la Révolution*. Châteauroux, Nuret, 1878. p. 46.

de La Flèche, tandis que sa femme, restée au Blanc devait, pour ne pas être inquiétée, solliciter un certificat de résidence qu'elle obtint du reste le 22 novembre 1793.

Leurs deux fils sortis de France en 1790 ne devaient jamais revoir leur patrie, le second, René Philippe qui faisait partie de la « légion d'émigrés commandée par le marquis de « Damas, fut tué en 1794, d'un coup de canon, dans un combat « livré entre la République et le prince d'Orange » (1).

Quant à l'aîné, Pierre, il mourut à Anvers, département des Deux Nèthes, le 27 vendémiaire, an IX (19 octobre 1800) à bord du vaisseau le *Jeune Mathieu*.

De son mariage avec Anne Magdeleine de Baudry (décédée le 12 brumaire an X), Pierre Pinault de Bonnefonds avait eu une fille unique, Anne Charlotte Alexandrine, née au Blanc le 16 juillet 1782. Ce fut elle qui, en épousant le 9 pluviôse, an X (8 février 1802) Louis Félix Anne, vicomte de Poix, apporta dans cette dernière famille les biens que ses ancêtres possédaient au Blanc, à Douadic et à Bénavent.

Les grands parents et la mère de la vicomtesse de Poix n'ayant pas émigré, leurs biens ne furent pas vendus nationalement ; lors de la répartition du milliard des émigrés en 1825, elle toucha en qualité de représentante de son père et de son oncle, pour leurs biens personnels, une indemnité de 40.688 francs (2).

---

(1) Manuscrit de Jean Hercule de Bonnefonds.
(2) Pièce justif. 83.

V

Les Tyrel de Poix qui succédèrent aux Pinault de Bonnefonds à Bénavent et y restèrent pendant tout le cours du XIXe siècle, étaient déjà connus dans le Berry depuis l'année 1402 ; ils avaient joué un rôle considérable, non seulement dans l'histoire de la province où bien peu de familles les égalaient en noblesse, mais encore dans l'histoire de France elle-même.

En effet, la maison de Tyrel, originaire de Normandie, semble être issue des premiers ducs de ce pays. Dans une charte de l'année 1030 relative à l'église primatiale de Rouen, on voit figurer un Gauthier Tyrel et il y est dit que ce seigneur était proche parent de Robert Ier dit *le Diable*.

Gauthier Tyrel, premier du nom, accompagna Guillaume le Conquérant en Angleterre et prit part à la fameuse bataille d'Hastings ; son fils, Gaultier II, marié à Adeline, de l'illustre maison des Giffard, eut le malheur de tuer à la chasse, le 2 août 1100, Guillaume Rufus (*le Roux*), roi d'Angleterre dont il était le meilleur ami (1).

Redoutant les conséquences de sa maladresse, Gauthier repassa en France et accomplit le pélerinage de Terre Sainte pour faire diversion à sa douleur.

A son retour, abandonnant pour toujours ses possessions d'Angleterre (2), il se fixa en Picardie dans la petite ville de

(1) Voir le récit de cet évènement dans Augustin Thierry. *Histoire de la conquête de l'Angleterre par les Normands*. Nlle éd. Garnier, T. II, p. 286.

(2) Il paraît encore exister des rejetons des Tyrel dans ce pays. Voir *Debrett's Peerage for 1913*.

Poix dont la seigneurie appartenait à sa famille et y fut la souche des sires de Poix qualifiés du titre de princes (*principes de Castello de Pisa*) dans des titres des années 1139 et 1236.

La seigneurie de Poix après être passée par mariage dans la maison de Soissons, fut possédée par les Créqui en faveur desquels elle fut érigée en duché pairie ; elle entra ensuite dans la maison de la Tremoïlle et fut acquise en 1767 par les Noailles qui ont ajouté le nom de Poix au leur, en relevant le titre de prince *depuis cette époque seulement*.

Les de Poix figurent pour ainsi dire à toutes les pages de l'histoire de France ; ils ont pris part aux croisades (1) ; l'un d'entre eux fut échanson du roi Charles VII, un autre, maître d'hôtel de la reine Marie d'Anjou, mère de Louis XI, d'autres encore chambellans, gentilshommes de la chambre de nos rois. Ils ont produit en outre un grand amiral de France, des gouverneurs de ville, un grand nombre de chevaliers et d'officiers généraux supérieurs et autres de tous grades, des armées de terre, dont plusieurs sont morts sur le champ de bataille, entr'autres à Azincourt et à Pavie.

Ils ont fourni un chanoine comte de Lyon, un vicaire général à l'église de Saintes, des abbés mitrés, une chanoinesse comtesse du chapitre noble de l'Argentière au diocèse de Lyon (2), quatre chevaliers de l'ordre de Malte et plusieurs chevaliers de l'ordre militaire de Saint-Louis.

La famille de Poix a été maintenue plusieurs fois dans sa noblesse, savoir : 1° par les commissaires députés par le roi

(1) Leurs armoiries sont reproduites dans la salle des croisades à Versailles.

(2) Pour faire partie de ce chapitre, il fallait faire preuve de huit degrés de noblesse paternelle et de trois de noblesse maternelle.

Henri IV pour le règlement des Tailles en 1600 ; 2° par sentence rendue en l'élection de Châteauroux le 1er juin 1634 ; 3° par arrêt rendu en la Cour des Aides de Paris le 28 mars 1635 ; 4° par jugement rendu à Bourges le 12 août 1669 ; et 5° par arrêt rendu en la Chambre de la Réformation le 17 janvier 1671.

Avec ses deux branches encore existantes aujourd'hui, elle a possédé, soit en totalité, soit en partie, près de cent terres, seigneuries et fiefs et s'est alliée aux plus grandes familles de France, les La Trémoille, La Rochefoucauld, Richelieu, etc., etc. (1).

La branche des de Poix de Touraine et de Berry, la seule dont nous ayons à nous occuper ici et dont le chef est aujourd'hui le comte Xavier de Poix faisant le 26e degré de filiation depuis Gauthier 1er sire de Poix qui vivait en 1030, porte : *Ecartelé aux 1er et 4e de gueules, à la bande d'argent accompagnée de six croix recroisetées et fichées d'or, posées 3 et 3*, qui est de Tyrel ; *aux 2e et 3e de sable, à trois aiglettes d'or, le vol étendu, posées 2 et 1*, qui est de Poix. Supports : *un lion et une licorne*. Couronne de *comte*.

Notons en passant que dans les chartes relatives à cette famille, on trouve son nom orthographié de douze façons différentes : Pouez, Poué, Poïez, Poyer, Poyes, Poër, Poiz, Poids, Poys, Pois et Poi.

Le premier des de Poix qui, par suite d'héritage, quitta

---

(1) Voir La Morlière, *Recueil de plusieurs nobles et maisons illustres de Picardie*, Paris, 1642, p. 133. La Thaumassière, *Histoire de Berry*, Bourges, 1687, p. 1105. Le Père Anselme *Histoire généalogique*, Paris, 1726, T. VII, p. 820. De La Chesnaye des Bois, *Dictionnaire de la noblesse*, Paris, 1770, T. XII, p. 707, plus d'Hozier, de Saint-Allais, Rietstap et de nombreuses généalogies particulières à la famille de Poix.

la Picardie pour venir s'établir dans le centre de la France, fut, en 1402, Adam, fils de Jean IVe du nom, sire de Poix et de Jehanne des Quesnes son épouse. Adam de Poix était seigneur de Villemort, près de Saint-Savin, et de Forges, dans la paroisse de Concrémiers. Il avait épousé Marie Savary de Lancosme et fut père de Jean de Poix V[e] du nom échanson du roi Charles VII.

Jean de Poix vivait vers l'année 1484 ; de sa femme, Jehanne de Saint-Sébastien, il eut trois fils, Pierre et Jean, restés en Poitou, dont l'un a probablement donné naissance aux de Poix qui florissaient en Bretagne jusqu'à la fin du XVIIe siècle, et Florent.

Ce dernier, écuyer, seigneur de la Borde, Concise, Montchenin, Roches, Rollenier, du Fresne et des Petites Ages, fut la véritable souche des de Poix du Berry et de la Touraine, ainsi qu'on peut le constater par les différents *aveux* qu'il fit aux seigneurs du Blanc, de Preuilly, de Buzançais et de Romorantin.

Après Florent de Poix vint une brillante lignée de hauts et puissants seigneurs qu'il serait trop long d'énumérer avant d'arriver aux propriétaires de Bénavent.

Louis-François Vincent comte de Poix, lieutenant-colonel d'infanterie, chevalier de Saint-Louis, servit en Bohême, en Italie et en Allemagne pendant les guerres du règne de Louis XV et assista à l'assemblée de la noblesse du Berry en 1788. Il avait épousé en 1769 Marie-Charlotte de Pierre Buffière, dame de Chabenet, la Rocherolle, Prunget et autres fiefs situés dans les paroisses de Saint-Marcel, Tendu et Argenton ; cette dame, dernier rejeton de l'illustre maison de Pierre Buffière en Limousin apporta dans la famille de Poix le magnifique château de Chabenet, un des plus beaux du centre de la France.

N'ayant pu émigrer à cause de son grand âge, Louis de Poix fut incarcéré dans la prison de Châteauroux d'où il ne sortit qu'à la fin de la tourmente révolutionnaire.

De son mariage avec Marie-Charlotte de Pierre Buffière naquirent cinq enfants, dont quatre fils.

L'aîné, Louis-Jean-Baptiste-Charles, né au château de Marécreux le 5 décembre 1769, fut reçu page de la reine Marie-Antoinette et devint capitaine au régiment de *Royal Normandie*. Emigré en 1792, il fit les campagnes de l'armée des princes, et à la Restauration, suivit Louis XVIII à Gand. Quelques jours avant sa mort, arrivée à Marécreux le 31 octobre 1845, le comte de Poix avait eu la consolation de recevoir, par l'entremise du duc d'Angoulême, un précieux témoignage de l'affection que les augustes exilés de Goritz portaient à sa famille.

Le second, Thomas, chevalier de Malte, enseigne de vaisseau dans la marine impériale, épousa le 26 novembre 1810 demoiselle Joséphine d'Andigné de la Chasse. Il habita le château de Chabenet ; c'est là qu'il recueillit par charité et soigna de ses propres mains des prisonniers espagnols qui lui communiquèrent le typhus, dont il mourut le 1er mars 1814 (1).

Le troisième, Marie-Alexandre, mourut à Dusseldorf en 1797 pendant l'émigration.

Le quatrième fils de Louis de Poix et de Marie-Charlotte

---

(1) Le château de Chabenet appartient aujourd'hui à Mlle de Boisé de Courcenay, petite-fille de Thomas de Poix et de Joséphine d'Andigné.

de Pierre Buffière, Louis-Félix-Anne, né le 9 juin 1779, chevalier de Malte comme ses frères aînés, devait, par son mariage avec Anne-Charlotte-Alexandrine Pinault de Bonnefonds, célébré le 8 février 1802, recueillir l'héritage de cette famille à Bénavent.

Comme on l'a vu plus haut, Jean-Hercule Pinault de Bonnefonds, devenu le dernier de sa race, avait eu la douleur de perdre, sans les revoir, ses deux fils morts en émigration. Ce fut ce vénérable vieillard qui conduisit à l'autel sa petite-fille orpheline, de même que cinq ans plus tard il devait tenir sur les fonts baptismaux de l'église Saint-Génitour son arrière-petit-fils Jean-Charles de Poix (1).

Des deux fils nés de l'union de Louis de Poix avec Charlotte Pinault de Bonnefonds, l'aîné, Louis, chef de sa branche, né au Blanc le 22 février 1803, entra à l'école militaire de Saint-Cyr, devint sous-lieutenant aux gardes du corps de Monsieur (depuis Charles X), donna sa démission en 1830, et par suite de son mariage, se fixa au château de La Roche Ploquin en Touraine.

Quant au second, Jean-Charles, né au Blanc le 19 mars 1807, jusqu'à la mort de son père survenue le 15 mai 1845, il partagea son temps entre le château de Saint-Lactencin, près de Buzançais, et la vieille demeure des Pinault de Bonnefonds au Blanc. Vers l'année 1840, séduit par la beauté du site, il se décida à faire construire le château de

(1) Les derniers Pinault de Bonnefonds furent Jean-Hercule, décédé en 1808, ses cousines, Anne-Félicité femme d'Alexandre de Boislinard, née en 1770, morte en 1812, Marie-Anne, non mariée, décédée en 1813, et la vicomtesse de Poix, décédée au château de Bénavent le 21 octobre 1877, à l'âge de 95 ans.

Bénavent, vaste habitation sans style mais entourée d'un parc superbe et des fenêtres de laquelle on jouit d'une vue féérique sur la vallée de la Creuse et les rochers de Fontgombault.

Le vicomte Charles de Poix fut, à un moment donné, l'un des plus grands propriétaires fonciers du département de l'Indre : outre les biens qu'il tenait du côté des Pinault de Bonnefonds, au Blanc, à Bénavent et à Douadic, il possédait par sa famille les terres de Saint-Lactencin, de la Barre et la forêt de Luzeraise. De plus, il s'était rendu acquéreur en 1839 des anciennes propriétés des d'Aloigny, à Rochefort, où il se livra avec ardeur à la culture de la vigne.

Il s'était uni, en 1838, à Marie-Adolphine de Namur d'Elzée et de d'Huy, d'une ancienne famille du Brabant. De ce mariage naquirent un fils, François-Louis-Félix, né le 9 janvier 1857, et quatre filles ; tandis que l'aînée, Anne-Marie-Léopoldine, épousait le vicomte Eugène de Leusse, les deux autres, Allix et Louise-Marie, consacraient leur vie au soulagement des malheureux en fondant un orphelinat dans une des dépendances du château de Bénavent.

Héritier d'une maison dont le passé, fait d'honneur, d'illustration et de bienfaisance, a laissé dans le pays un souvenir ineffaçable, le dernier représentant de la famille de Poix à Bénavent fut le vicomte Louis, ancien officier de cavalerie, prématurément décédé le 11 novembre 1913. Il avait épousé Mademoiselle Marguerite Kervyn de Lettenhove, fille du célèbre homme d'Etat et historien belge.

Ce sont eux qui, en 1899, cédèrent leur propriété à l'auteur de ces lignes.

En terminant cette modeste étude, nous espérons avoir

établi l'importance du rôle joué dans l'histoire de la région par le petit village de Bénavent, son prieuré et certains de ses habitants, tout en prouvant que les principaux événements dont le Berry fut le théâtre y ont eu leur répercussion.

En tous cas, celui qui aime à revivre dans le lointain des siècles passés, recueillant comme autant de trésors les souvenirs historiques et les traditions populaires a de quoi y satisfaire sa passion.

FIN

ERRATA

Page 8 ligne 6, au lieu de *et donneront* lire *ils donneront*.

Page 14 ligne 12, au lieu de *bosselées* lire *boisselées*.

Page 32 ligne 4, au lieu de *l'ancien* lire *du vieux*.

Page 34 ligne 11, au lieu de *telle est* lire *telle fut*.

Page 34 ligne 13, au lieu de *M. R. Movrat* lire *M. R. Mowat*.

Page 47 ligne 1, au lieu de *de Pompéau* lire *de Pompéan*.

Page 49 ligne 22, au lieu *du XVI*[e] *siècle* lire *du XV*[e] *siècle*.

Page 49 ligne 24, au lieu de *un chevalier* lire *un chevalier anglais*.

Page 51 ligne 12, au lieu de *consacré* lire *consacrée*.

Page 51 ligne 18, au lieu de *Fontebraudistes* lire *Fontevraudistes*.

Page 53 ligne 2, au lieu de *fatiguants* lire *fatigants*.

Page 57 ligne 11, au lieu de *concorde bien* lire *ne concorde pas*.

Page 73 ligne 21, au lieu de *Briquemant* lire *Briquemaut*.

Page 86 ligne 25, au lieu de *Remefort* lire *Romefort*.

Page 125 ligne 6, au lieu de *en 1419* lire *en 1429*.

PIÈCES JUSTIFICATIVES

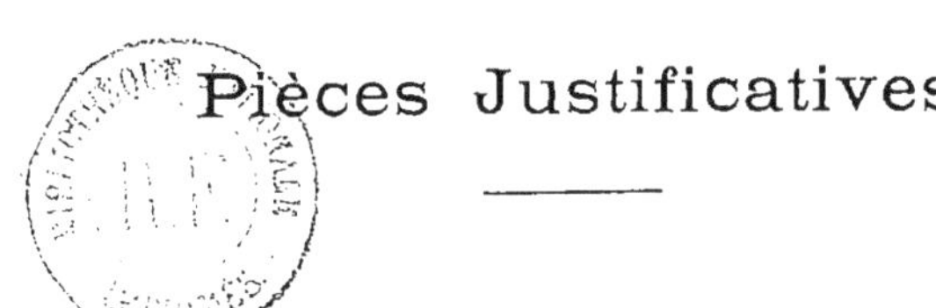

Pièces Justificatives

1. **1er Août 1451** *Arch. de l'Indre* H. 1144 — **Accense par Philippe de Foussegueau, abbé de Méobec.** — Du consentement de Philibert Mercelin, prêtre, prieur du prieuré de Bénavent, il afferme seize boisselées de terre à Guillaume Cardinault du village de Pouligny, à la redevance de deux boisseaux de froment et deux boisseaux d'avoine (mesure du Blanc), une géline et six deniers de cens, à charge par ledit Cardinault, de faire bâtir une maison au dedans de la pièce de terre.

2. **6 Août 1456** id. — **Transaction entre le seigneur du Blanc et le prieur de Bénavent.** — Le prieur aura droit de pêche à tous engins dans la rivière de Creuse appartenant audit seigneur ; le moulin du prieuré aura droit de chasse dans la paroisse de Pouligny et sur la terre du Blanc, du côté de Saint-Génitour, excepté dans la ville et les faubourgs et pour ce droit paiera au seigneur du Blanc douze boisseaux de moûture. Il est rappelé que le prieuré de Bénavent exerce le droit de four banal, auquel tous les habitants du village sont tenus de faire cuire leur pain et d'en payer le fournage ; ce droit avait été précédemment changé en une redevance de six boisseaux d'avoine et une géline de rente à la Saint-Michel. Le prieur aura le droit de prendre sur les vendanges dans le village de Bénavent, deux pintes par pipe de vin, et une pinte par poinçon, le tout mesure dudit lieu.

3.
22 Octob. 1491
id.

Accense par François Morelon, prêtre, prieur du prieuré de Bénavent, à Mathurin Augier. — Le prieur lui afferme trois boisselées et demie de terre moyennant deux sols et trois deniers de rente perpétuelle. Approuvé par Mgr de Preuilly, seigneur du Blanc, en sa cour.

4.
24 Sept. 1574
id.

Transaction entre Jehan de Sully, écuyer, seigneur de Romefort, Mathurin Curatin et Mathurine Curatine, sa femme. — Ces derniers prétendaient que le 13 Octobre 1543, feu Charles, seigneur de Culant et de Châteauneuf, leur avait baillé un héritage en la paroisse de Saint-Génitour, dit l'héritage des Bazmelles près le village des Chézeaulx sur le chemin de la Couraudière au village d'Avant ; par cette transaction, il est accordé auxdits époux Curatin, soixante boisselées de terre moyennant cinq sols de sens et dix sols de rente, payables à Pâques Fleuries.

4 *a.*
11 Mars 1506
Arch. de l'Indre
H. 322

Notification par frère Martial Morelon, prieur du prieuré de Saint-Génitour du Blanc au diocèse de Bourges. — Il fait savoir qu'il a reçu les lettres de Dom Philibert de Marafin, abbé de N. D. de Méobec, de l'ordre de Saint-Benoît. Par ces lettres, Pierre, abbé de Saint-Pierre de Preuilly, donnant sa résignation pure et simple du prieuré de Bénavent, François Morelon, prêtre, licencié en droit canon et recteur de l'église paroissiale de Saint-Martin de Veteri Ponsaye au diocèse de Poitiers, est envoyé en possession dudit prieuré de Bénavent.

4 *b.*
1543
id.

Lettre de Jehan du Breuil, humble abbé du monastère de Saints-Pierre et Paul de Méobec à vénérable frère Pierre du Breuil, religieux de l'ordre de Saint-Benoît. — Il l'envoie en possession du prieuré du Saint-Pierre de Bénavent, vacant par suite de la résignation de frère Guy de Vergnault, titulaire dudit prieuré, représenté par son procureur Charles de Louault.

4 *c.*
8 Juin 1547
id.

Lettre de Jacques du Breuil, grand vicaire de Jean Marie cardinal du Mont, abbé commendataire de Méobec. — Il envoie frère Jehan du Breuil, religieux de l'ordre de Saint-Benoît, en possession du prieuré de Saint-Pierre de Bénavent, vacant par le décès de frère Jean de la Jarerie. Témoins : Pierre Pelerin, prêtre et Godefroy Compagnon, laïc du Poitou et de Bourges.

4 *d.*
18 Juin 1547
id.

Notification de la prise de possession du prieuré de Saint-Pierre de Bénavent par frère Jehan du Breuil, prieur, représenté par son procureur, noble homme Valentin de la Bergerie. — PER INGRESSUM ECCLESIÆ, OSCULUM MAGNI ALTARIS ET PULSUM CAMPANARUM, INGRESSUM

ET EXITUM DOMUI DICTI PRIORATI. Témoins : Godefroy Compagnon et François Tissier, tous deux de la paroisse de Pouligny.

4 *e*.
1er Janv. 1571
id.

Lettre de Jacques, archevêque de Bourges, à Aymon de l'Age, conseiller au Parlement de Paris. — Il lui fait part qu'il mande à son archiprêtre ou à un notaire public de faire une enquête sur les revenus réels du prieuré de Saint-Pierre de Bénavent, vacant.

4 *f*.
1574
id.

Lettres apostoliques du pape Grégoire XIII, datées du diocèse de Viterbe. — Approbation de la proposition faite par Jehan du Breuil l'aîné, prieur de Bénavent, de résigner ses fonctions en faveur de Jehan du Breuil le jeune, moine de l'ordre de Saint-Benoît.

4 *g*.
20 Sept. 1574
id.

Lettre de Jehan du Breuil, humble abbé de Méobec, à Jehan du Breuil le jeune, religieux profès de l'ordre de Saint-Benoît. — Il lui fait savoir qu'il mande au premier notaire de le mettre en possession du prieuré de Saint-Pierre de Bénavent, attendu que ledit Jehan du Breuil le jeune a obtenu ses lettres de provision du pape Grégoire XIII. Présents : Jehan de l'Age, camérier, et Jehan de la Court, prévôt du monastère de Méobec.

4 *h*.
24 Sept. 1574
id.

Lettre de l'Official de Bourges. — « En la présence de Mathurin Pilon, nottaire juré de nostre cour, usant de nostre authorité et demeurant au bourg de Méobecq, noble et relligieuse personne, frère Jehan du Breulh, relligieux de l'abbaïe de Méobecq, a prins possession réelle et actuelle des prieuré et chappelle de Saint-Pierre de Bienavant, avecque les fruicts, proficts et émolumens ; entrant par l'entrée de la grand'porte de laditte chappelle, prenant de l'eaüe benitte avecque le aspergès, baysant le grand'autel, manyant le myssel, lizant en iceluy, sonnant les cloches, entrant au logis et basse court dudict prieuré, faisant aultres solemnitez à ce requises, dont et desquelles ledict du Breulh m'a requis et demandé acte. Presens : Jehan Caille, curé de Saint-Pierre de Poulligny, Jehan Jacquet, marchand demeurant au Blancq en Berri, François Bret, Nicollas Cardinault, Brégent Hemery, Jehan Gayet et Louis Collin, demeurans audict lieu de Bienavant. Signé : Pillon, nottaire de la court de l'officialité de Bourges. »

4 *i*.
26 Sept. 1574
id.

Lettre de Guyon, vicaire de l'église paroissiale de Saint-Pierre de Pouligny. — Il certifie à tous que frère Jehan du Breuil a bien pris possession des prieuré et chapelle de Saint-Pierre de Bénavent.

4 j.
7 Octob. 1586
id.

Prise de possession du prieuré de Bénavent, par frère Claude Perrin, représenté par son procureur, frère Jean de l'Age. — Procès-verbal signé par Mathurin Pilon, notaire juré de la cour de l'officialité de Bourges.

5.
12 Octob. 1544
Arch. de l'Indre H. 1144

Accense par frère Jehan Lepron, prieur de Bénavent. — Il afferme à Mathurin Gayet une terre de huit boisselées à convertir en vigne, moyennant six sols tournois et deux chapons de cens et rente.

6.
12 Octob. 1614
id.

Bail par Antoine d'Aloigny, demeurant au château et maison noble de Rochefort, procureur général d'André Pellault, prieur commendataire de Bénavent. — Il afferme à Jean Cadon, homme de bras, demeurant audit lieu, une boisselée de terre en bouige et rocage sise à la Touche de Bénavent, moyennant six deniers de cens et un chapon de rente. Fait et passé en la maison noble de Rochefort.

7.
22 Octob. 1614
id.

Bail par le même. — Il afferme à Martin Jollivet, homme de bras, une boisselée et demie de terre en bouige et rocage, sise à la Touche de Bénavent, moyennant six deniers de cens et un chapon de rente.

8.
4 Février 1615
id.

Bail par le même. — Il afferme à Antoine Collin, journalier, onze boisselées de terre, mesure du Blanc, partie en vigne, partie en friche moyennant six deniers de cens, trente sols et une poule de rente noble, féodale et foncière, réservé le droit de dîme.

9.
9 Juillet 1615
id.

Bail par le même. — Il afferme à Jean Berthomier, une maison, consistant en deux chambres, une basse, l'autre haute, cave en dessous et deux boisselées de terre joûtant le Fondis, masure, grange, plus une chènevière de cinq quarts de chènevis, sise près du chemin du Blanc à Fontgombault, le tout moyennant quatre livres, dix pintes d'huile et un chapon de rente noble, féodale et foncière.

10.
9 Juillet 1615
id.

Bail par le même audit Berthomier. — Il lui afferme huit boisselées de terre en labourage, sises aux Coutures, joûtant la terre d'Alexandre Collin, — une bouchure entre eux deux — et la vigne de Léger-Dubreuil, moyennant cinq sols, deux boisseaux d'avoine (mesure du Blanc) et deux chapons, droit de dîme de tout fruits réservé.

11.
28 Juillet 1615
id.

Bail par le même. — Il afferme à Pierre Daulphin, avocat au siège présidial de Poitiers, bailli et juge ordinaire de la baronnie et et seigneurie de Cors, demeurant en la ville du Blanc, onze boisselées de terre en friche et rocage, sises à la Touche de Bénavent, moyennant quatre deniers et un chapon de cens.

12.
24 Juillet 1616
id.

Contrat entre le même et Antoine Blanchard, journalier. — Il le décharge du droit de terrage des fruits venant et croissant dans quatre boisselées et demie de terre (mesure du Blanc), autrefois plantées en vignes et à présent en bouige, sises au lieu dit l'Essart, autrement dit la Combe au Pélerin, sur le chemin de Bénavent à Mont-la-Chapelle, à charge par ledit Blanchard de payer à perpétuité deux deniers de cens et une poule de rente au jour de la Saint-Brice, avec le droit de dîme des fruits venant et croissant, et avec l'obligation de défricher et de mettre en vigne les dites terres en l'espace d'un an.

13.
18 Juin 1617
id.

Bail par le même. — Il afferme à Joachim de Marans, écuyer, seigneur du Tertre, y demeurant, paroisse de Lingé, dix boisselées de terre, sises à la Touche de Bénavent, cette terre étant en friche, bouige, rocage et infructueuse, moyennant deux chapons et six sols de rente noble, féodale et foncière. Le preneur sera tenu de faire défricher et mettre en état de labourage cette terre dans le délai d'un an. Le bailleur aura le droit de dîme, selon la coutume.

14.
1er Juillet 1617
id.

Bail par le même. — Il afferme à Roland Barbe, sieur de Roullot, maître-d'hôtel dudit seigneur de Rochefort, six boisselées de terre, sises à la Touche de Bénavent, tenant à la terre de Joachim de Marans sieur du Tertre et à la terre de Léger Dubreuil, moyennant six deniers et un chapon de rente noble, féodale et foncière, payables à la St-Michel.

15.
1617
id.

Bail par Antoine Faureau, dit Lavallée, marchand, demeurant au Blanc, paroisse de Saint-Génitour. — Il sousloue à Antoine Ferrand, tailleur d'habits, huit boisselées de terre sises au Terroir de la Touche près de Bénavent et chargées de cinq sols tournois de cens envers le prieuré dudit lieu. Ces terres devront être plantées en vigne ; au bout de cinq ans les fruits de la vigne seront partagés par moitié.

16.
2 Janvier 1618
id.

Contrat entre Antoine d'Aloigny et Collin, laboureur. — Il le décharge du droit de terrage de cinq boisselées de terre, tout le temps qu'il les détiendra à charge par ledit Collin de planter ces terres en vigne et de payer trois deniers de cens, un chapon et un boisseau d'avoine, mesure du Blanc.

17.
4 Janvier 1618
id.

Bail par Antoine d'Aloigny à Daulphin, notaire royal. — Il lui afferme neuf boisselées de terre, sises aux Coutures de Bénavent moyennant quatre sols et deux chapons de cens et rente.

18.
1618
id.

Bail par le même. — Il afferme à Gabriel Billard, demeurant en la maison noble de Puypelerin, paroisse de Pouligny, une terre de six boisselées (mesure du Blanc), sise au clos du Mont, sur le chemin de Bénavent au Blanc, moyennant un chapon et six deniers de cens et rente noble, féodale et foncière, avec le droit de dîme des fruits de ladite vigne, payables à la Noël. Signé par Daulphin et Poupardon, notaires.

19.
9 Nov. 1623
id.

Contrat entre André Pellault, abbé commendataire de Fontgombault et prieur de Bénavent, demeurant au château et maison noble de Rochefort et Berthomier, laboureur. — Il le décharge du droit de dîme sur vingt boisselées de terre en friche sises au lieu dit les Terrageaux, près Bénavent, et faisant partie de la métairie du Petit Breuil. Ces terres acquises par ledit Berthomier, d'Antoine de l'Age, seigneur de Forges et de la Palisse, devront être plantées en vigne.

20.
1623
id.

Contrat de vente. — Nicolas le Febvre, sieur de la Vallière, demeurant en la paroisse de Nesmes, au nom de Loïse Poittevin, sa femme, cède à Antoine de la Croix, cinq boisselées de terre sises à Bénavent, moyennant quatre-vingt dix livres.

21.
1626
id.

Contrat de vente. — Nicolas Villebeau, sergent des châtellenies du Blanc, demeurant au village des Tessonnières, paroisse de Pouligny, cède à Châtelain, laboureur, une pièce de terre contenant trois quarts de boisselée, dite les Augières des Vignes, sise près le village de Bénavent.

22.
15 Janvier 1659
id.

Contrat de louage. — Le prieur de Bénavent afferme à Mélaine Blanchard, demeurant audit village, la tenue de la Boyre.

23.
1660
id.

Contrat de louage. — Le prieur de Bénavent afferme à Berthomier, Ricquemacque, Aubier, Sandillard, Picard et Pailler, la tenue de la Marne contenant trente boisselées (mesure du Blanc), à raison de vingt chainées par boisselée, chaque chainée étant de vingt-cinq pieds de roi.

24.
1717
id.

Contrat de louage. — Le prieur de Bénavent afferme à perpétuité à Charles Fontenette, apothicaire, demeurant en la ville du Blanc, paroisse de Saint-Cyran, six boisselées de terre, sises à la Touche de Bénavent, moyennant six deniers et un chapon de cens et rente noble, féodale et foncière, pour le bien, profit et augmentation du temporel du prieuré.

25.
1717
Arch. de l'Indre
G. 793

Contrat de louage. — Messire Laurent Grignon, prêtre, curé de Pouligny, agissant en qualité de fondé de pouvoir de son oncle, Messire Henri Jean Tremblais, prêtre, directeur du Séminaire des Missions Étrangères de Québec et titulaire du prieuré de Bénavent, afferme deux boisselées de terre à X... moyennant un prix annuel de deux livres.

26.
24 Octob. 1726
Arch. de l'Indre
Série H. 171

Déclaration du censif des Benoist. — « Par devant les nottaires royaux de la sénéchaussée de Montmorillon soubzsignez, commis en cette partye par ordonnance de Monsieur le sénéchal de Montmorillon, en vertu des lettres obtenues par Messieurs les Suppérieurs et Directeurs du Séminaire des Missions Estrangères de Quebecq en Canada en la Nouvelle France, auquel est uny le prieuré, fief, terres et seigneurie de Biennavant, situez en la parroisse de Poulligny en Poitou, ressort de laditte sénéchaussée de Montmorillon, de sa Majesté adressante à mondit sieur le sénéchal, au fait du terrier dudit prieuré de Biennavant, icelles en datte du quatrième de Décembre 1723, signée par le conseil Moreau, collationnée et sellée ledit jour, en laditte ordonnance de mondit sieur le sénéchal, en vertu d'icelles en datte du neuvième de Mars 1724, signée C. L. Michau, sellée à Montmorillon par Borde commis, et des publications faittes en conséquence, tant à la porte de la chapelle de Biennavant à l'issue de la messe, qu'à celle dudit Poulligny, les douzième et dixseptième dudit mois de Mars 1724 par Huet huissier royal, controllée au Blancq, les seizième et vingtième dudit mois par Lavergne :

« Se sont comparus en leurs personnes, maistre de Fressine, Pierre Dupont, Guillaume Parpirolle, tant pour lui que pour ses frères et sœurs, Louis Ledué, Daniel-François Maillet journalliers, demeurans au bourg et parroisse de Poulligny, maistre Jean Joyaux cordonnier, demeurant en la ville du Blancq, parroisse de Saint-Civran et maistre Jean-Joseph Bonneau, sieur de la Puiserie, demeurant au village de Biennavant susditte parroisse de Poulligny, tant pour eux que pour les hérittiers Antoine Jouesnnin, les hoirs Louis Blanchard, les hoirs Catherine Bonnault, Jacques Blanchard, Léger Hervier, Charles Ménigault, Charles Guydault, Pierre Ledué et Melleine Bernard à cause de sa femme, leurs parsonniers absents, lesquels ont cejourd'huy, de leurs bon gré et vollonté reconnus et confessez, reconnoissent et advoüent par ces présentes tenir de vous, Messieurs les Suppérieurs et Directeurs du Séminaire des Missions Estrangères de Quebecq en Canada en la Nouvelle France, auquel est uny le prieuré, fief, terres et seigneurie de Biennavant, situez en laditte parroisse de Poulligny, à cause de vostredit prieuré, fief, terres et seigneurie de Biennavant :

« Scavoir est la tenue et tennement du censif des Benoist, siz près ledit bourg de Poulligny, contenant trente boissellées ou environ, joignant le chemin de Poulligny à Biennavant du couchant, au midy la tenue des Miniers, du levant les vignes de Terrageault despendant dudit Biennavant et du septantrion au chemin de Poulligny à Veillon. A cause et pour raison de laquelleditte tenue, lesdits dessusdits m'ont dit et déclaré devoir et accoustumer tous payer par chacun an aux mesdits sieurs Suppérieurs et Directeurs du Séminaire des Missions Estrangères de Quebecq en Canada en la Nouvelle France, à cause de vostredit prieuré, fief, terres et seigneurie de Biennavant, à la recepte dudit lieu en chacun jour et feste de Saint-Michel : quatre boisseaux de froment (mezure du Blancq), une poulle et deux sols six deniers en argent de cens et rante noble, directe, feaudalle et foncière, en l'amande ordinaire de sept sols six deniers, à deffault de payemant desquels cens et rantes et devoirs seigneuriaux, lesdits dessusdits, tant pour ceux qui audit nom ont promis et seront tenus sollidairement tous payer, aux mesdits sieurs Suppérieurs et Directeurs, à cause de vostredit prieuré, terres et seigneurie de Biennavant et continuer ledit payemant tant et sy longuement qu'ils seront propriettaires et possesseurs desdits lieux y subjects ou de partye d'iceux, soubz les protestations qu'ils font, que s'ils ont obmis quelque chose, a employer en la présente, leurs déclarations de l'employer sitost qu'il sera venu à leur connoissance et que s'ils en ont employez plus qu'ils ne doibvent, de la diminuer, renonçant à touttes choses contraires à ces présentes dont de leur consentement et vollonté et à leur requeste, ils ont été jugez et condamnez par le jugement et condamnation et authorité de laditte cour, au pouvoir et juridiction de laquelle ils se sont supposez soubmis eux et leursdits biens.

« Estant aussy tenu à la connoissance desdits habittans dudit village de Biennavant, tenant feu et lieu, estre astreygnables de moudre leurs blez aux moullins bannaux despendant dudit prieuré.

« Fait et passé au bourg de Poulligny, le vingtquatrième d'Octobre 1726, et ont lesdittes partyes déclaré ne scavoir signer. Ainsy signé en la minutte des présentes : F. Maillet, Pérussault nottaire royal et F. Clément aussy nottaire royal qui a la minutte des présentes. Controllé et sellé à Tournon, le huitième de Novembre audit an. Reçu douze sols. Ainsy signé : Vidart, Pérussault et Clément. »

27.
24 Octob. 1726
id.

Déclaration de la tenue de Eustache Gérosme. — « Par devant les nottaires royaux de la sénéchaussée de Montmorillon etc., etc., etc... :

« Se sont comparus en leurs personnes, Jacques Mardellet laboureur, demeurant au village des Cardinaudières, René Dubeau journallier, demeurant à Champt Cornu, maistre Jean-Joseph Bonnamy sieur de la Puiserie, demeurant à Biennavant, Louis Jollivet sergettier, demeurant au bourg de Poulligny, Jean Beauvienne journallier, demeurant audit Champt Cornu, Louis Ledué journallier, demeurant audit bourg, Jean Destreilles journallier, demeurant audit bourg, Claude de Fressine tailleur dabit, demeurant audit bourg, tous parroissiens de Poulligny et maistre Jean Joyaux cordonnier, demeurant à la ville du Blancq, parroisse de Saint-Civran, lesquels tant pour eux que pour les hoirs feu maistre Jean-François Poiron vivant sieur de Fontmoreau, maistre Louis-Henry Pasquier, maistre Claude Lessard, maistre Pierre Pinault sieur du Pin, Melleine Cailler, maistre Jean Pasquier, les hoirs feu maistre Jacques Peyronnet, les hoirs feue Catherine Bonnault, les hoirs Estienne Gillet, Jean et Nicollas Martin, Jean Huguet et les hoirs Jacques Jouesnnin leurs parsonniers absents, lesquels ont cejourd'huy déclaré bon gré et vollonté reconnus et confessez, reconnoissent et advoüent par ces présentes tenir de vous, Messieurs les Suppérieurs et Directeurs du Séminaire des Missions Estrangères de Quebecq en Canada en la Nouvelle France etc., etc., etc... :

« Scavoir est la tenue et tennement de Eustache Gérosme, siz et situez près le bois de Puypellerin en laditte parroisse de Poulligny, estant en deux pièces, la première contenant soixante boissellées ou environ, joignant du levant la tenue de la Fosse Aulard et la tenue du Marcadier, du midy les taillis du Breuil d'autre tenue, du couchant le chemin du Reclus à Biennavant et du septantrion les vignes du pré Rousseau d'autre tenue, la terre de Madame Lagoutte aussy d'autre tenue et la tenue de la Fosse Aulard ; la seconde et dernière pièce appellée la Vallée du Champt des Roches et la Vallée du Suin, contenant vingt-neuf boissellées ou environ, joignant du levant le chemin du Reclus à Migeault, du midy le bois de Puypellerin, du couchant la tenue du Suin d'autre tenue et du septantrion la tenue des Grouttes. A cause et pour raison de laquelleditte tenue, lesdits dessusdits m'ont dit et déclaré devoir et accoustumer tous payer par chacun an à la recepte dudit lieu en chacun jour et feste de Saint-Michel : deux boisseaux d'avoinne (mezure du Blancq) et deux sols six deniers en argent de cens et rante noble, directe, feaudalle et foncière etc., etc., etc...

« Estant aussy tenu a leur connoissance et en outre estre lesdits habittans dudit village de Biennavant tenant feu et lieu, de moudre leurs blez aux moullins bannaux despendant dudit prieuré de Biennavant.

« Fait et passé audit bourg de Poulligny, le vingtquatrième d'Octobre 1726, et ont lesdittes partyes déclaré ne scavoir signer. Ainsy signé en la minutte des présentes : C. Defressine, Pérussault, Clément, controllée et sellée à Tournon, le huitième de Novembre audit an. Reçu douze sols. »

28. **Déclaration de la tenue des Minières.** — « Par devant les nottaires
24 Octob. 1726 royaux de la Sénéchaussée de Montmorillon etc., etc., etc... :
id.

« Se sont comparus en leurs personnes, Daniel-François Maillet, Claude Defressine, Pierre Dupont, Melleine Bernard journalliers, demeurans au bourg et parroisse de Poulligny, Pierre Pilorget, laboureur, demeurant à la Chaume, parroisse dudit Poulligny, Antoine Hérault journallier, demeurant à Champt Cornu, susdite parroisse, et maistre Jean Joyaux cordonnier, demeurant en la ville du Blancq, parroisse de Saint-Civran, tant pour eux que pour maistre Jean-Joseph Bonnamy, sieur de la Puiserie, Charles Maillet, les hoirs Melleine Mériot, les hoirs Claude Guydault, les hoirs Charles Jouesnnin et les hoirs dame Catherine Bonnault leurs parsonniers absents, lesquels ont cejourd'huy de leurs bon gré et vollonté reconnus et confessez, reconnoissent et advoüent par ces présentes, tenir de vous Messieurs les Suppérieurs et Directeurs du Séminaire des Missions Estrangères de Quebecq en Canada en la Nouvelle France, etc., etc., etc... :

« Scavoir est la tenue et tennement des Minières, contenant quatre-vingt treize boissellées trois chesnées trois quarts, joignant du levant la tenue des Jarriges et celle du Plantis Girault, du midy au chemin du Blancq à Tournon, du couchant au chemin de Poulligny à Mont-la-Chapelle et du septantrion la tenue du censif des Benoist et celle des Terrageault. A cause et pour raison de laquelledite tenue, lesdits dessusdits m'ont dit et déclaré devoir et accoustumer tous payer pour chacun an aux mesdits sieurs, à la recepte dudit lieu, en chacun jour et feste de Saint-Michel : un boisseau de froment, avoinne six boisseaux, (mezure du Blancq), et seize deniers en argent de cens et rante noble, directe, feaudalle et foncière, etc., etc., etc...

« Estant aussy tenu à leur connoissance et en outre estre lesdits habittans dudit village de Biennavant, tenant feu et lieu, de moudre leurs blez aux moullins bannaux despendant dudit prieuré de Biennavant.

« Fait et passé audit bourg de Poulligny, le vingtquatrième d'Octobre 1726, et ont lesdittes partyes déclaré ne scavoir signer. Ainsy signé en la minutte des présentes : C. Defressine, Maillet, Pérussault, Clément. Contrôlé et sellé à Tournon, le huitième de novembre audit an. Reçu douze sols. »

29.
24 Octob. 1726
id.

Déclaration de la tenue du champt du Clou, appelé la Vallée au Cordonnier. — « Par devant les nottaires royaux de la Sénéchaussée de Montmorillon, etc., etc., etc... :

« Se sont comparus en leurs personnes, Jean Benoist fermier de la seigneurie de Montagut et y demeurant, faisant pour les hoirs Estienne Benoist ses petits-enfans, Gabriel Pillorget journallier, Melleine Aubier, Silvain Brouard, René Aubier, Melleine Mériot laboureur, demeurans à Vernais, Louis Ledué journallier, Melleine Bernard sabotier, Léger Hanin journallier, Jacques Blanchard ségrétin, Silvain Maillet journallier, demeurans au bourg et parroisse de Poulligny et Jean Morineau, à cause de sa femme, journallière, demeurante à Biennavant, le tout parroisse de Poulligny, lesquels, tant pour eux que pour maistre Claude Gallepuy, sieur du Charrault et les hoirs Charles Jouesnnin, leurs parsonniers absents, lesquels ont, cejourd'huy, déclaré bon gré et vollonté reconnus et confessez, reconnoissent et advoüent par ces présentes, tenir de vous Messieurs les Suppérieurs et Directeurs du Séminaire des Missions Estrangères de Quebecq en Canadä en la Nouvelle France, etc., etc., etc.., :

« Scavoir est la tenue et tennement du champt du Clou, appelé la Vallée au Cordonnier, size près ledit bourg de Poulligny, contenant dix boissellées ou environ, joignant du levant tout le long de la levée de la tenue de la Bouige du Bois quy fait séparation desdittes deux tenues, du midy le chemin de Poulligny à Ruffec-le-Chasteau, du couchant la terre de Pierre Ledué de la tenue des Moinières et la Fosse de Lessard, et du septantrion la terre de René Aubier de la tenue des Chappons, dépendant de la Forest, et la tenue du champt de la Thuillerie. A cause et pour raison de laquelleditte tenue, lesdits dessusdits m'ont dit et déclaré devoir et accoustumer tous payer pour chacun an, aux mesdits sieurs Suppérieurs et Directeurs, à la recepte dudit lieu, en chacun jour et feste de Saint-Michel : deux boisseaux de froment (mezure du Blancq) et dix deniers en argent de cens et rante noble, directe, feaudalle et foncière, etc., etc., etc...

« Estant aussy tenu à leur connoissance, etc., etc., etc...

« Fait et passé au bourg de Poulligny, le vingtquatrième d'Octobre 1726, et ont lesdittes partyes déclaré ne scavoir signer. Ainsy signé :

M. Aubier, Brouard, Benoist, M. Mériot, Pérussault, F. Clément. Controllé et sellé à Tournon, le huitième de Novembre audit an. Reçu douze sols. »

30.
25 Octob. 1726
id.

Déclaration de la tenue de la Garenne. — « Par devant les nottaires royaux de la sénéchaussée de Montmorillon etc., etc., etc... :

« Se sont comparus en leurs personnes, Jean Huguet, Louis Jean et autre Jean Huguet journalliers, père et fils demeurans au village des Roches parroisse de Poulligny, à cause de leur arrantement qu'ils tiennent du sieur Duchesgne, marchand au Blancq, lesquels ont cejourd'huy de leur bon gré et vollonté reconnus et confessez, reconnoissent et advoüent par ces présentes, tenir de vous, Messieurs les Suppérieurs et Directeurs du Séminaire des Missions Estrangères de Quebecq etc., etc., etc... :

« Scavoir est la tenue et tennement de la Garenne, size près le village de Biennavant en laditte parroisse de Poulligny, contenant six boissellées ou environ, joignant du levant la levée qui fait séparation de laditte tenue et de la vigne dudit prieuré et autres vignes des particulliers, du midy la vigne de maistre Louis Moreau qu'il tient de rante dudit prieuré, du couchant les terres du sieur de Bonnefonds du Pin, un sentier entre deux, et du septantrion la vigne de Jean L'Huillier. A cause et pour raison de laquelleditte tenue, lesdits dessusdits m'ont dit et déclaré devoir et accoustumer tous payer par chacun an aux mesdits sieurs Suppérieurs et Directeurs, à la recepte dudit lieu, en chacun jour et feste de Saint-Michel : deux chappons et cinq sols de cens et rante noble, directe, feaudalle et foncière, etc., etc...

« Estant aussy tenu etc., etc., etc...

« Fait et passé audit bourg de Poulligny, le vingtcinquième d'Octobre 1726, et ont lesdittes partyes déclaré ne scavoir signer. Ainsy signé en la minutte des présentes : Pérussault et F. Clément. Controllé et sellé à Tournon, le huitième de Novembre audit an par L. Vidard. Reçu douze sols. »

31.
25 Octob. 1726
id.

Déclaration de la tenue des Petites Couttures. — « Par devant les nottaires royaux de la sénéchaussée de Montmorillon etc., etc., etc...

« Se sont comparus en leurs personnes, Melleine Ricquemacque laboureur, tant pour lui que pour ses consorts, Jean L'Huillier laboureur, Pierre Gaillard journallier, Charles Picard journallier, demeurans tous au village de Biennavant, parroisse de Poulligny, tant pour eux que pour Gilbert Gaillard journallier, Charlotte Delaleuf, la veuve Jean Crouzat et ses enfants, le nommé Brunet et les hoirs feu Pierre Testé du village des Cloux susditte parroisse, lesquels ont cejourd'huy de leur bon gré et vollonté reconnus et confessez, reconnoissent et advoüent par ces présentes tenir de vous, Messieurs les Suppérieurs et Directeurs du Séminaire des Missions Estrangères de Quebecq etc. :

« Scavoir est la tenue et tennement des Petites Couttures size près le village de Biennavant, contenant dix boissellées ou environ, joignant du costé du levant la vigne de maistre Jean-Joseph Bonnamy sieur de la Puiserie, d'autre tenue, du midy la tenue des Gagetteries, du couchant la vigne de François Prestrault et du septantrion les bouiges des Groux. A cause et pour raison de laquelleditte tenue, lesdits dessusdits m'ont dit et déclaré devoir et accoustumer tous payer par chacun an aux mesdits sieurs Suppérieurs et Directeurs, en la recepte dudit lieu en chacun jour et feste de Saint-Michel: deux chappons et six sols de cens et rante noble, directe, feaudalle et foncière etc., etc., etc...

« Estant aussy tenu à leur connoissance, etc., etc., etc...

« Fait et passé audit bourg de Poulligny, le vingtcinquième d'Octobre 1726, et ont lesdittes partyes déclaré ne scavoir signer. Ainsy signé en la minutte des présentes : Pérussault et F. Clément. Controllé et sellé à Tournon par L. Vidard, le huitième de Novembre 1726. Reçu douze sols. »

32.
25 Octob. 1726
id.

Déclaration de la tenue du Gué Bouchard. — « Par devant les nottaires royaux de la sénéchaussée de Montmorillon, etc., etc., etc... :

« Se sont comparus en leurs personnes, Jean Jabien journallier, Guillaume Cailler, à cause de sa femme, laboureur demeurant au village de Mont-la-Chapelle, Jean Tartarin journallier, Jeanne Boutin veuve de deffunt Silvain Brunet, demeurans au village de Biennavant parroisse de Poulligny, lesquels tant pour eux que pour le seigneur de Saint-Aigny y demeurant, ont cejourd'huy de leur bon gré et vollonté reconnus et confessez, reconnoissent et advoüent par ces présentes, tenir de vous, Messieurs les Suppérieurs et Directeurs du Séminaire des Missions Estrangères de Quebecq, etc., etc., etc... :

« Scavoir est la tenue et tennement du Gué Bouchard, size près le le port de Saint-Aigny, contenant dix boissellées ou environ, estant en deux pièces, la première appellée le gué Bouchard, contenant six boissellées ou environ, joignant d'un costé le chemin de Biennavant au Blancq à main droite, d'autre costé le chemin de Poulligny à Saint-Aigny à main gauche, d'autre costé la rivière de Creuze et d'autre costé la vigne de Jean Aubier. La segonde pièce appellée les Plantis, contenant quatre boissellées ou environ, joignant d'un costé le sentier de Biennavant à Mont-la-Chapelle à main gauche, d'autre costé la vigne de Léger Désiray et la tenue des Petits Plantis, d'autre costé la bouïge de maistre Claude Bernard sieur de Lessard. A cause et pour raison de laquelleditte tenue, lesdits dessusdits m'ont dit et déclarez devoir et accoustumer tous payer pour chacun an à la feste de Saint-Michel, à la recepte dudit lieu : quatre boisseaux d'avoinne (mezure du Blancq) et dix deniers en argent de cens et rante noble, directe, feaudalle et foncière, etc., etc., etc...

« Estant aussy tenu à la connoissance etc...

« Fait et passé audit bourg de Poulligny, le vingtcinquième d'Octobre 1726, et ont lesdittes partyes déclarez ne scavoir signer. Ainsy signé en la minutte des présentes : Pérussault et Clément. Controllé et sellé à Tournon, le huitième de Novembre audit an par Vidard. Reçu douze sols ».

33.
25 Octob. 1726
id.

Déclaration de la tenue des Guionnettes. — « Par devant les nottaires royaux de la sénéchaussée de Montmorillon etc., etc., etc... :

« Se sont comparus en leurs personnes, maistre René Bertrand sergeant de la terre du Blancq, Daniel Aubier, Louis Guionnet et Jean Bouttin journalliers, demeurans audit Biennavant, parroisse de Poulligny, tant pour eux que pour les hoirs feu maistre Louis Grout, Charlotte Delaleuf, Antoyne Pain et Jacquet thuillier et ses frères, Gilbert Gaillard au lieu et place du sieur Logat du Blancq et Jean Cardinault, lesquels ont cejourd'huy de leurs bon gré reconnus et confessez, reconnoissent et advoüent par ces présentes, tenir de vous, Messieurs les Suppérieurs et Directeurs du Séminaire des Missions Estrangères de Quebecq etc., etc., etc... :

« Scavoir est la tenue et tennement des Guionnettes size audit village de Biennavant, contenant douze boissellées ou environ, joignant le chemin de Biennavant à Mont-la-Chapelle à main droite, d'autre costé la vigne de Pierre Bernard appelée des Forêts d'autre tenue, celle des Grandes Vignes et celle de la Pierre Buffière, une chintre entre deux qui fait la séparation desdittes deux tenues. A cause et pour raison de laquelleditte tenue, lesdits dessusdits m'ont dit et déclaré devoir et accoustumer tous payer par chacun an à cause de vostredit prieuré, fief, terre et seigneurie de Biennavant, à la recepte dudit lieu en chacun an jour et feste de Saint-Michel : avoinne six boisseaux (mezure du Blancq), deux poulles et un sol en argent de cens et rante noble, directe, feaudalle et foncière, etc., etc. etc...

« Estant aussy tenu à leur connoissance, etc., etc., etc...

« Fait et passé audit bourg de Poulligny le vingtcinquième d'Octobre 1726 et ont lesdittes partyes déclarez ne scavoir signer. Ainsy signé en la minutte des présentes : Pérussault, Clément. Controllé et sellé à Tournon le huitième de Novembre 1726 par L. Vidard. Reçu pour les droits douze sols. »

34. 25 Octob. 1726 id.

Déclaration de la tenue du Petit Bouchet, près le village des Roches, parroisse de Poulligny. — « Par devant les nottaires royaux de la sénéchaussée de Montmorillon etc., etc., etc... :

« Se sont comparus en leurs personnes, Louis, Jean et autre Jean Huguet frères journalliers, Jacques Ringeard, Jacques Chabot journalliers, demeurans tous au village des Roches, François Benoist journallier, demeurant au village de Cherves, parroisse de Poulligny, lesquels ont cejourd'huy de leur bon gré et vollonté reconnus et confessez, reconnoissent et advoüent par ces présentes, tenir de vous, Messieurs les Suppérieurs et Directeurs du Séminaire des Missions Estrangères de Quebecq etc., etc., etc... :

« Scavoir est la tenue et tennement du Petit Bouchet, siz près le village des Roches, parroisse dudit Poulligny, contenant vingt boissellées ou environ, tant en vigne que rocage, joignant du levant les taillis de la seigneurie de Puypellerin, du midy le chemin de Fontgombaud au Blancq, du couchant la vigne et rocage de René Chaumeau appellée la Consize, et du septantrion les taillis appellez de Montagut. A cause et pour raison de laquelledite tenue, lesdits dessusdits m'ont dit et déclarez vous devoir et accoustumer payer par chacun an à cause de vostredit prieuré, fief, terre et seigneurie de Biennavant, à la recepte dudit lieu en chacun jour et feste de Saint-Michel : deux boisseaux d'avoinne (mezure du Blancq), une poulle et deux sols six deniers d'argent de cens et rante noble, directe feaudalle et foncière, etc., etc., etc...

« Estant aussy tenu à leur connoissance, etc., etc., etc...

« Fait et passé audit bourg de Poulligny, le vingtcinquième d'Octobre 1726, et ont lesdits dessusdittes partyes déclarez ne scavoir signer. Ainsy signé en la minutte des présenttes : Pérussault et Clément nottaires royaux. Controllé et sellé à Tournon le huitième de Novembre 1726 par L. Vidard. Reçu douze sols pour les droits. »

35. 26 Octob. 1726 id.

Déclaration de la tenue des Bottons, autrement des Groux. — « Par devant les nottaires royaux de la sénéchaussée de Montmorillon etc., etc., etc... :

« Se sont comparus en leurs personnes, Martin Bouttin journallier au village de Migeault, parroisse de Sauzelle, François Bouttin journallier au village de Biennavant, Louis Jollivet à cause d'Antoinette Aubier, sa femme et ses enfans, Louis, Pierre et Jean Gabillon charpantiers, demeurans tous parroisse de Poulligny, tant pour eux que pour Michel Carré journallier, les hoirs feu maistre Louis Grout, Charlotte Delaleuf, Jean Tartarin journallier et Magdeleine Bouttin, tous parroisse dudit Poulligny, lesquels ont cejourd'huy de leurs bon gré et vollonté reconnus et confessez, reconnoissent et advoüent par ces présentes tenir de vous, Messieurs les Suppérieurs et Directeurs du Séminaire des Missions Estrangères de Quebecq etc., etc., etc... :

« Scavoir est la tenue et tennement des Bottons, autrement des Groux, siz au village de Biennavant, contenant vingtsix boissellées ou environ, joignant et commençant en son total du costé du levant suivant tout le long d'une levée et fosse qui est de laditte terre et qui fait séparation de la présente tenue et de celle des Touzet et autres tenues et suivant tout le long d'icelluy fossée et levée jusqu'à la vigne de Jean Aubier, retournant du costé du midy sur main droitte tout le long de laditte vigne et de celle de Daniel et Antoinette Aubier jusqu'au chemin de Biennavant à Lardrie, retournant icelluy chemin sur main droitte du costé du couchant, et septantrion, tout le long de laditte tenue jusqu'au coin de laditte levée et fossée, première confrontation. A cause et pour raison de laquelleditte tenue, lesdits dessusdits m'ont dit et déclarez vous devoir et accoustumer payer par chacun an à cause de vostredit prieuré, fief, terre et seigneurie de Biennavant, à la recepte dudit lieu, en chacun jour et feste de Saint-Michel : un boisseau d'avoinne (mezure du Blancq), deux poulles et cinq sols d'argent de cens et rante noble, directe, feaudalle et foncière etc., etc., etc...

« Estant aussy tenu à leur connoissance etc., etc., etc...

« Fait et passé au bourg de Poulligny, le vingtsixième d'Octobre 1726, et ont lesdits dessusdittes partyes déclarez ne scavoir signer. Ainsy signé en la minutte des présenttes : Pierre Gabillon, Pérussault et Clément nottaires royaux. Controllé et sellé à Tournon le huitième de Novembre audit an 1726, par L. Vidard. Reçu douze sols pour les droits. »

36.
26 Octob. 1726
id.

Déclaration de la tenue des vignes des Touches, près le village de Biennavant, parroisse de Poulligny. — « Par devant les nottaires royaux de la sénéchaussée de Montmorillon etc., etc., etc... :

« Se sont comparus en leurs personnes, Daniel et Léger Deciron thuilliers, demeurans au village de Biennavant, Charles Picard, Jean Bouttin journalliers audit village de Biennavant, parroisse de Poulligny et François Collin laboureur, faisant pour François Gaillard son petit-fils, tant pour eux que pour Silvain Deciron journallier, Charlotte Rocher, veuve de feu René Deciron, à cause de ses enfants, au village de Biennavant, Jacques Mallet journallier à Mont-la-Chapelle et Silvain Caillaud, à cause de sa femme, au village de Veillon, le tout parroisse de Poulligny, lesquels ont cejourd'huy de leurs bon gré et vollonté reconnus et confessez, reconnoissent et advoüent tenir de vous, Messieurs les Directeurs et Suppérieurs du Séminaire des Missions Estrangères de Quebecq etc., etc., etc... :

« Scavoir est la tenue et tennement des vignes des Touches, siz au village de Biennavant, contenant dix boissellées ou environ en vignes, joignant la vigne du seigneur du Tertre, d'autre la bouige des hérittiers du feu sieur Fontenette, d'autre la bouige des hérittiers feu Claude Chardon, et d'autre la terre de Jean et Charles Picard et autres. A cause et pour raison de laquelleditte tenue, lesdits dessusdits m'ont dit et déclarez vous devoir et accoustumer payer par chacun an, à cause de vostredit prieuré, fief, terre et seigneurie de Biennavant, à la recepte dudit lieu, en chacun jour et feste de Saint-Michel : deux chappons et cinq sols six deniers de cens et rante noble, directe, feaudalle et foncière, etc., etc., etc...

« Estant aussy tenu à leur connoissance etc., etc., etc...

« Fait et passé audit bourg de Poulligny, le vingtsixième d'Octobre 1726, et ont lesdittes partyes déclarez ne scavoir signer. Ainsy signé en la minutte des présentes : Pérussault et Clément nottaires royaux. Controllé et sellé à Tournon par Vidard, le huitième de Novembre audit an. Reçu pour les droits douze sols. »

37. **Déclaration de la tenue des autres tenues des vignes des Touches,**
26 Octob. 1726 **près le village de Biennavant.** — « Par devant les nottaires royaux de
id. la sénéchaussée de Montmorillon etc., etc., etc... :

« Se sont comparus en leurs personnes, Daniel Aubier, Jean Feschaud journalliers, demeurans au village de Biennavant, Antoinette Aubier à présent femme de Louis Jollivet, tant pour elle que pour Nicolas et Marie Touraine ses enfans, François, Louis et Maurice Touraine et François Aubier aussy journalliers, demeurans tous dans la parroisse de Poulligny, lesquels ont cejourd'huy de leurs bon gré et vollonté reconnus et confessez, reconnoissent et advoüent tenir de vous, Messieurs les Suppérieurs et Directeurs du Séminaire des Missions Estrangères de Quebecq etc., etc., etc... :

« Scavoir est la tenue et tennement des autres tenues des vignes des Touches, siz près ledit village de Biennavant tant en vignes que bouyges, contenant neuf boissellées ou environ, joignant la bouyge de Martin Bouttin et sa sœur et celles des Pailler de Mont-la-Chapelle, de la tenue des Bouttins, d'autre la vigne de François Aubier et autres, de la tenue de la vigne de Léger et autres d'autre tenue et d'autre la vigne de Jean Bouttin qu'il tient des Chardons et la vigne des hoirs feu Sébastien Cherrioux d'autre tenue. A cause et pour raison de laquelleditte tenue, lesdits dessusdits m'ont dit et déclarez vous devoir et accoustumer payer par chacun an à cause de vostre prieuré, fief, terre et seigneurie de Biennavant, à la recepte dudit lieu, en chacun jour et feste de Saint-Michel : deux chappons et cinq sols d'argent de cens et rante noble, directe, feaudalle et foncière etc., etc...

« Estant aussy tenu à leur connoissance etc., etc., etc...

« Fait et passé audit bourg de Poulligny, le vingtsixième d'Octobre 1726, et ont lesdittes partyes déclarez ne scavoir signer. Ainsy signé en la minutte des présentes : Pérussault et Clément nottaires royaux. Controllé et scellé à Tournon, le huitième de Novembre audit an par Vidard. Reçu pour les droits douze sols. »

38. **Déclaration de la tenue de l'Essart du bois de Veillon près les**
26 Octob. 1726 **Guinaudières.** — « Par devant les nottaires royaux de la sénéchaussée
id. Montmorillon etc., etc., etc...:

« Se sont comparus en leurs personnes, Jacques Berthin laboureur, Michel Defressine aussy laboureur, Gillet veuve de feu Jean Martin demeurans tous au village des Roches, Pierre Diéné garde des Roches, Guillaume et Jean Clément faisant tant pour eux que pour le seigneur de Rochefort à cause de sa mestayrie des Roches, Mathieu Fallan huissier, demeurant au bourg de Tournon, les hoirs feu Claude Chardon, la veuve feu maistre Jacques Peyronnet sieur du Pin, Catherine Blondet, François Jouesnnin, Jean Jolly à cause de sa femme et Jaques Prestrault à cause de ses enfans, lesquels ont cejourd'huy de leurs bon gré et vollonté reconnus et confessez, reconnoissent et advoüent tenir de vous, mesdits sieurs, Suppérieurs et Directeurs du Séminaire des Missions Estrangères de Quebecq en Canada etc., etc., etc... :

« Scavoir est la tenue et tennement appellée l'Essart du bois de Veillon situez près les Guinaudières et les Guinetteries, contenant quarante cinq boissellées ou environ, joignant du costé du levant le chemin de Cherves aux Roches, du midy la terre de la mestayrie de la seigneurie des Roches, du couchant la terre de François Guillaume et Jean Clément, qui est des quarts et du septantrion le chemin de Poulligny à Fontgombaud. A cause et pour raison de laquelleditte tenue, lesdits dessudits m'ont dit et déclarez vous devoir et accoustumer payer à cause de vostre prieuré, fief et terre de Biennavant, à la recepte dudit lieu, en chacun jour et feste de Saint-Michel : six boisseaux de froment, six boisseaux d'avoinne (mezure du Blancq), deux chappons et cinq sols d'argent de cens et rante noble, directe, feaudalle et foncière, etc., etc. etc...

« Estant aussy tenu à leur connoissance etc., etc., etc...

« Fait et passé audit bourg de Poulligny, le vingtsixième d'Octobre 1726, et ont lesdittes partyes déclarez ne scavoir signer. Ainsy signé en la minutte des présentes : Pérussault et Clément nottaires royaux. Controllé et sellé à Tournon par Vidard, le huitième de Novembre audit an 1726. Reçu pour les droits douze sols. »

39.
26 Octob. 1726
id.

Déclaration de la tenue de Maubrouard. — « Par devant les nottaires royaux de la sénéchaussée de Montmorillon, etc., etc., etc... :

« Se sont comparus en leurs personnes, maistre Antoyne Chantegué cellier, demeurant en la ville du Blancq, parroisse de Saint-Génitour, Jean Jabien et Silvain Aubier journalliers, Marie Aubier veuve de feu Melleine Pailler, Jean Aubier laboureur, Guillaume Pailler laboureur, à cause de sa femme, tous du village de Mont-la-Chapelle, Silvain Brunet journallier, du village des Clous et Nicolas Aubier à cause de l'arrantement qu'il tient dudit Chantegué, tous parroisse dudit Poulligny, tant pour eux que pour maistre Joseph Bonnamy sieur de la Puiserie, Charles et Jean Picard journalliers, le seigneur de Saint-Aigny, la veuve de feu Antoyne Gillet de Saint-Aigny, Maurice Gayet journallier, au village de Biennavant, René Dupuy marchand au Blancq, Jean Lespinasse à cause de sa femme demeurant en la ville du Blancq, parroisse de Saint-Estienne, Jullien Testé et ses parsonniers du village de Péziers, Jullien Gabillon à cause de Marie Brunet sa fille, de Marie Parpirolle sa femme demeurans au village du Breuil, Michel Carré journallier, Jacques Thuillier et ses frères musniers au moullin de Migeaux, parroisse de Sauzelle, Jacques Fauret demeurant en la ville du Blancq, parroisse de Saint-Génitour, lesquels ont cejourd'huy de leurs bon gré et vollonté reconnus et confessez, reconnoissent et advoüent par ces présentes, tenir de vous, Messieurs les Suppérieurs et Directeurs du Séminaire des Missions Estrangères de Quebecq en Canada, etc., etc., etc... :

« Scavoir est la tenue et tennement de Maubrouard, contenant dix huit boissellées ou environ, tant en vignes, terres que bouiges, joignant du levant le chemin du port de Saint-Aigny à Poulligny, du midy la bouige de maistre Guillemin sieur du Peux et ses parsonniers du couchant la bouige de René Dupuy et du septantrion la vigne de François Aubier et autres. A cause et pour raison de laquelleditte tenue, lesdits dessusdits m'ont dit et déclarez vous devoir et accoustumer payer par chacun an, à cause de vostre prieuré, fief, terre et seigneurie de Biennavant, à la recepte dudit lieu, en chacun jour et feste de Saint-Michel : trois boisseaux d'avoinne (mezure du Blancq), un chappon et trois sols en argent de cens et rante noble, directe, feaudalle et foncière, etc., etc., etc...

« Estant aussy tenu à leur connoissance etc., etc., etc...

« Fait et passé audit bourg de Poulligny, le vingtseptième d'Octobre 1726, et ont lesdittes partyes déclarez ne scavoir signer. Ainsy signé en la minutte des présentes : Pérussault et Clément nottaires royaux. Controllé et sellé à Tournon par Vidard, le huitième de Novembre audit an 1726. Reçu pour les droits douze sols. »

40.
27 Octob. 1726
id.

Déclaration de la tenue de la Nacunne. — « Par devant les nottaires royaux de la sénéchaussée de Montmorillon etc., etc., etc... :

« Se sont comparus en leurs personnes, Daniel Aubier journallier, demeurant au village de Biennavant, Jean Aubier, demeurant au village de Mont-la-Chapelle susditte parroisse, Antoinette Aubier femme de Louis Jollivet, tant pour elle que pour Nicolas et Marie Tourraine ses enfans, François Tourraine et Jacques Brouard à cause de sa femme, journalliers, demeurans au bourg de Poulligny, François Tourraine, demeurant au village de Veillon et Maurice Tourraine journallier, demeurant au village de Biennavant, parroisse de Poulligny, lesquels ont cejourd'huy de leurs bon gré et vollonté reconnus et confessez, reconnoissent et advoüent par les présentes, tenir de vous, Messieurs les Suppérieurs et Directeurs du Séminaire des Missions Estrangères de Quebecq en Canada etc., etc., etc... :

« Scavoir est la tenue et tennement de la Nacunne, siz près le village de Biennavant, contenant quatre boissellées ou environ tant en vigne que bouige, joignant le chemin de Biennavant aux Groux à main droitte, d'autre la vigne de Jean Bouttin de la tenue de Alleufs et d'autre de deux parts la tenue des Groux. A cause et pour raison de laquelleditte tenue, lesdits dessusdits m'ont dit et déclarez vous devoir et accoustumer payer à cause de vostre prieuré, fief, terre et seigneurie de Biennavant, à la recepte dudit lieu, en chacun jour et feste de Saint-Michel : argent cinq sols de cens et rante noble, directe, feaudalle et foncière etc., etc., etc...

« Estant aussy tenu à leur connoissance etc., etc., etc...

« Fait et passé audit bourg de Poulligny, le vingtseptième d'Octobre 1726, et ont lesdittes partyes déclarez ne scavoir signer. Ainsy signé en la minutte des présentes : Pérussault et Clément nottaires royaux. Controllé et scellé à Tournon par Vidard, le huitième de Novembre audit an 1726. Reçu pour les droits douze sols. »

41. **27 Octob. 1726** id. **Déclaration de la tenue du Champt des Roches.** — « Par devant les nottaires royaux de la sénéchaussée de Montmorillon etc., etc., :

« Se sont comparus en leur personnes, Jacques Mardellet faisant tant pour luy que pour Louis Chapput, Mathurin Crochet, Louis Brouard, Joseph Chartier, Jean Baudet, Melleine Ricquemacque, Jean Testé et Jean Rigollet, demeurans tous parroisse de Poulligny, lesquels tant pour eux que pour Monsieur de la Rivière, les hoirs Louis Brouard, maistre Joseph Bonnamy, maistre Jean Pasquier, les hoirs Claude Guidault, Gilbert Leduc, les hérittiers Anne Guidault, les hoirs maistre Claude Chardon, les hoirs Martin Testé et les hoirs sieur Doisnet leurs parsonniers et contenantiers absents, ont cejourd'huy de leurs bon gré et vollonté reconnus et confessez, reconnoissent et advoüent par ces présentes, tenir de vous, Messieurs les Suppérieurs et Directeurs du Séminaire des Missions Estrangères de Quebecq en Canada etc., etc., etc... :

« Scavoir est la tenue et tennement du Champt des Roches, siz prest le village des Cardinaudières, susditte parroisse de Poulligny, consistant touttes en terre labourable, contenant cent trente quatre boissellées quinze chesnées et demie dans laquelle le seigneur du Blancq y fait la moitié, joignant et commensant en son total du levant la tenue de Mallange despendant de la seigneurie des Roches, suivant tout le longt de la terre du sieur Pasquier, quy est de laditte tenue de Mallange jusqu'à la tenue du Préplou, suivant le longt de laditte tenue du Préplou et reprenant celle de la Prune noire, tousjours du mesme costé, jusqu'au chemin de Poulligny à Fontgombaud et du chemin retournant à main gauche, du costé du septantrion, jusqu'à la tenue du champt à la Dame despendant de la seigneurie des Teissonnières et de laditte tenue du champt à la Bure retournant encore à main gauche le longt d'icelle, du costé du midy jusqu'à laditte tenue de

Mallange, première confrontation. A cause et pour raison de laquelle-ditte tenue, lesdits dessusdits m'ont dit et déclarez vous devoir et accoustumer payer par chacun an, à cause de vostre prieuré, fief, terre et seigneurie de Biennavant, à la recepte dudit lieu, en chacun jour et feste de Saint-Michel : deux boisseaux de froment, deux boisseaux d'avoinne (mezure du Blancq), deux chappons et quinze deniers de cens et rante noble, directe, feaudalle et foncière etc. etc., etc...

« Estant aussy tenu à leur connoissance etc., etc., etc...

« Fait et passé au bourg de Poulligny, le vingtseptième d'Octobre 1726, et ont lesdittes partyes déclarez ne scavoir signer. Ainsy signé : Pérussault et Clément nottaires royaux. Controllé et scellé à Tournon par Vidard, le huitième de Novembre audit an. Reçu pour les droits douze sols. »

42.
28 Octob. 1726
id.

Déclaration de l'Huillier, d'une maison et dépendances. — « Par devant les nottaires royaux de la sénéchaussée de Montmorillon etc., etc., etc... :

« Se sont comparus en leurs personnes, Jean Lhuillier laboureur, Jean Thuillier aussy laboureur, et Jeanne Thuillier sa femme de luy bien et dûment authorisée pour le fait des présentes, demeurans ensemble au village de Biennavant, parroisse de Poulligny, lesquels chacun d'eux sollidairement et chacun d'eux seul et pour le tout sans division, renonçant au bénéfice de division, discussion et d'ordre et élection de biens, à eux donné à entendre par nous nottaires soubzsignez, estre tel, que de plusieurs obligez pour mesmes choses, l'un n'est tenu pour l'autre, s'ils n'y ont pas exprest rennoncé, ce qu'ils ont dit bien scavoir et entendre et y ont d'abondant rennoncé et renoncent, ont cejourd'huy de leurs bon gré et vollonté reconnus et confessez, reconnoissent et advoüent par ces présentes, tenir de vous, Messieurs les Suppérieurs et Directeurs du Séminaire des Missions Estrangères de Quebecq en Canada ; à cause de vostredit prieuré, fief, terre et seigneurie de Biennavant, maistre Jean Grignon receveur dudit prieuré de Biennavant, demeurant au prieuré de Fontmoron, parroisse de Liglet, fondé de procuration généralle et spécialle de Messire Henry-Jean Tremblay prestre, directeur du Séminaire des Missions Estrangères, estably à Paris rue du Bacq, parroisse de Saint-Sulpice, au nom et comme procureur du Séminaire des Missions Estrangères de Quebecq, auquel est uny le prieuré de Biennavant, près le Blancq en Berry, ycelle en datte du dixneuvième d'Avril 1725, signée Tremblay, Capet et Lauvergeon nottaires royaux au Chastelet de Paris cy présent et acceptant :

« Scavoir est deux chambres de maison basse, couverte à thuille et une petite grange aussy couverte à thuille, aussy les aisances en despendant et un jardin par le devant, le tout renfermé à parson de fossée, siz audit village de Biennavant, contenant en tout deux boissellées de terre ou environ, joignant le chemin de Fontgombaud au Blancq à main droitte du costé du midy, du septantrion les terres desdits reconnoissans, du levant les terres de Laurent Guion à cause de sa femme et Guillaume Cardinault et du couchant au pré et terres dudit prieuré de Biennavant ; plus audit lieu, un quart de boissellée de vigne ou environ, joignant la vigne du sieur Moreau, d'autre le cimetière de Biennavant, d'autre le jardin des hoirs maistre Jacques Peyronnet et d'autre au chemin de Fontgombaud au Blancq à main gauche. A cause et pour raison desquels domaines et hérittages cy dessus confrontés, lesdits dessusdits avoient accoustumer de vous payer par chacun an, à la recepte dudit lieu de Biennavant, en chacun jour et feste de Saint-Michel : la somme de quatre livres, dix pintes d'huille et un chappon, ainsy qu'il est porté par le contrat de bail à rante fait par Messire Antoine d'Aloigny, chevallier de l'ordre du Roy, seigneur de Rochefort, à Jean Berthommier, en l'année 1604, signé en grosse, Dauphin nottaire royal ; et comme il ne se cueille point de noix présentement, est convenu entre ledit sieur Grignon audit nom et lesdits reconnoissans, que, au lieu de laditte rante cy dessus, yceuxdits reconnoissent payer outre par chacun de l'an, au terme susdit, la somme de quatorze livres et un chappon, le tout de cens et rante noble, directe, feaudalle et foncière, le premier terme de payemant commensant au jour et feste de Saint-Michel prochennemant venant, et après continuer d'année en année et de terme à terme, tant aussy longuemant qu'ils seront propriettaires et possesseurs desdits lieux ou de partyes d'yceux, lesquels ils ne pourront vendre, engager, ny mesme charger d'autres plus grands devoirs ; mais de les entretenir en bon et suffisant estat, en outre de payer la dixme de tous fruits naissans et croissans en laditte terre et vigne, de moudre leurs blez aux moullins bannaux dudit Biennavant, et au moyen de la présente déclaration, demeurant laditte rante portée audit contrat de 1604, réduitte à celle de quatorze livres et un chappon, et duement la sentance rendue en conséquence au Chastelet de Paris, le vingtneuvième de Décembre 1724, nulle et sans effet, sans dérogeant lesdittes partyes de part et d'autre, et au payemant et continuation de laditte rante cy dessus s'y sonts lesdits reconnoissans obligez sollidairement, comme dit est aussy, tous et chacun leurs biens présens et advenir ; fourniront lesdits reconnoissans une grosse des présentes audit sieur Grignon audit nom, incessamant à leurs despans, le tout sans préjudice auxdits sieurs Suppérieurs et Directeurs des arrérages de laditte rante et de tous leurs autres droits. Car, ainsy que tout ce que dessus, lesdittes partyes l'ont voullu, consenty, stipullé et accepté respectivement, promettant ycelles dittes partyes, le tout tenir, entretenir, garder et accomplir de point en point, d'article en article, le contenu de ces présentes, sans jamais y contrevenir soubz l'obligation et hypotecques de tous et chacun leurs biens présens et advenir, ils ont estez jugez et condamnez par le jugement et condamnation et authoritté de ladite cour au pouvoir et interdiction de laquelle ils se sont supposez et soubmiz et leursdits biens.

« Fait et passé au bourg de Poulligny, le vingthuitième d'Octobre 1726, et ont lesdits reconnoissans déclaré ne scavoir signer. Ainsy signé en la minutte des présentes : J. Grignon, Pérussault et Clément nottaires royaux. Controllé et sellé par Vidard à Tournon, le huitième de Novembre audit an. Reçu douze sols pour les droits. »

« Notta. — Dans la déclaration passée devant Rigolet nottaire, le vingthuitième d'Octobre 1726, le sieur Jean Grignon régisseur du prieuré de Biennavant a consanti au nom du prieur, qu'au lieu de dix pintes d'huille, lesdits Jean Thuillier et sa femme ne payeront plus à l'advenir que quatorze livres et un chappon. »

43. **Déclaration de La tenue de la Fosse Noire.** — « Par devant les
28 Octob. 1726 nottaires royaux de la sénéchaussée de Montmorillon etc., etc., etc... :
id. « Se sont comparus en leurs personnes Mathurine Crochet, veuve Louis Brouard et Jacques Jollivet journallier, tant pour eux que pour ses frères et sœurs, demeurans au bourg et parroisse de Poulligny, lesquels, tant pour eux que pour maistre Mathieu Bichaude à cause de sa femme et Charlotte Blanchard de la tenue de feu Claude Guydault, leurs parsonniers absents, ont cejourd'huy de leur bon gré et vollonté reconnus et confessez, reconnoissent et advoüent par ces présentes tenir de vous, Messieurs les Suppérieurs et Directeurs du Séminaire des Missions Estrangères de Quebecq en Canada etc., etc., etc... :

« Scavoir est la tenue et tennement de la Fosse Noire, size au bourg de Poulligny, contenant huit boissellées trois chesnées et demye ou environ, joignant du levant le chemin de Poulligny à la Boudinière, du midy le quarrouer de la Fosse de Bourdeaux, du couchant le chemin de Poulligny à Champtcornu et du septantrion la terre de dame Marie Mesnigault. A cause et pour raison de laquelleditte tenue, lesdits dessusdits m'ont dit et déclarez vous devoir et accoustumer tous payer par chacun an, à cause de vostredit prieuré, fief, terre et seigneurie de Biennavant, en la recepte dudit lieu, en chacun jour et feste de Saint-Michel : deux boisseaux d'avoinne (mezure du Blancq) une poulle et dix deniers de cens et rante noble, directe, feaudalle et foncière etc., etc., etc...

« Estant aussy tenu à leur connoissance etc., etc., etc...

« Fait et passé audit bourg de Poulligny, le vingthuitième d'Octobre 1726 et ont lesdittes partyes déclarez ne scavoir signer. Ainsy signé en la minutte des présenttes : Pérussault et Clément nottaires royaux. Controllé et scellé à Tournon par Vidart, le huitième de Novembre audit an. Reçu douze sols pour les droits. »

44. **Déclaration de la tenue de la Fosse Bourdeau.** — « Par devant les
29 Octob. 1726 nottaires royaux de la sénéchaussée de Montmorillon etc., etc., etc... :
id. « Se sont comparus en leurs personnes, Claude Pigut, Charles Maillet, à cause de leurs femmes, tant pour eux que pour leurs autres beaux-frères et belles-sœurs, et Jacques Blanchard mareschal, demeurant au bourg et parroisse de Poulligny, lesquels, tant pour eux que pour Mathieu Bichaude perruquier et Charlotte Blanchard de la tenue de Claude Guydault, leurs parsonniers absens, ont cejourd'huy bon gré et vollonté reconnus et confessez, reconnoissent et advoüent par ces présentes tenir de vous, Messieurs les Suppérieurs et Directeurs du Séminaire des Missions Estrangères de Quebecq etc., etc., etc... :

« Scavoir est la tenue et tennement de la fosse Bourdeau, contenant douze boissellées ou environ, joignant du levant la tenue du Tray Verger, du midy le pré de la Cure et la terre des hoirs Louis Blanchard menuizier, d'autre tenue, du couchant le chemin de Poulligny à la Croix-Blanche et du septantrion la tenue de la Mareschaudrie, un petit chemin entre deux. A cause et pour raison de laquelleditte tenue, lesdits dessusdits m'ont dit vous devoir et accoustumer payer chacun an à cause de vostre prieuré, fief, terre et seigneurie de Biennavant, à la recepte dudit lieu, en chacun jour et feste de Saint-Michel : une livre de sire, une poulle et huit deniers en argent, de cens et rante noble, directe feaudalle et foncière etc., etc., etc...

« Estant aussy tenu à leur connoissance etc., etc., etc...

« Fait et passé audit bourg de Poulligny, le vingtneuvième d'Octobre 1726 et ont lesdittes partyes déclarez ne scavoir signer. Ainsy signé en la minutte des présentes : Pérussault et Clément, nottaires royaux. Controllé et sellé à Tournon par Vidard, le huitième de Novembre audit an. Reçu douze sols pour les droits. »

45.
29 Octob. 1726
id.

Déclaration du Champt à la Bure. — « Par devant les nottaires royaux de la sénéchaussée de Montmorillon etc., etc., etc... :

« Se sont comparus en leurs personnes, Jean Rigollet nottaire, Jacques Mardellet, Jean Dubreuil, Jean Baudet, Joseph Chartier, Louis Chapput, René Chaumeau, Jean Morineau, Jean Jouesnin le jeune, Jean Jouesnin lesné, tous laboureurs et journalliers, demeurans tous en la parroisse de Poulligny, lesquels, tant pour eux que pour les hoirs maistre Jacques Peyronnet, Pierre Hérault, François Cailler, maistre Jean Pasquier, maistre Joseph Bonnamy, le seigneur de Rochefort, Jean Hérault, les hoirs sieur Doisnet, les hoirs maistre Claude Chardon, les hoirs Guillaume Chaumeau, Antoine Guillot, les hoirs Claude Guydault, messire Antoine de la Rivière escuyer, seigneur de la Ferrandière, leurs parsonniers et convenentaires absens, ont cejourd'huy déclaré bon gré et vollonté reconnus et confessez, reconnoissent et advoûent par ces présentes tenir de vous, Messieurs les Suppérieurs et Directeurs du Séminaire des Missions Estrangères de Quebecq etc., etc., etc... :

« Scavoir est la tenue et tennement du champt à la Bure, size prest le village des Cardinaudières, parroisse de Poulligny, consistant en terre labourable, contenant cent douze boissellées sept chesnées un quart, joignant et commensant du levant la terre de la seigneurie de Puypellerin, suivant le longt d'un tournant jusqu'à la tenue des Mallanges despendant de la seigneurie des Roches, remontant à main gauche du costé du septantrion, suivant tout le longt de la tenue du champt des Roches et reprenant celle du champt à la Dame, despendant de la seigneurie des Teissonnières, et dudit lieu, retournant à main droitte du mesme costé du septantrion, et suivant jusqu'au chemin de Poulligny à Fontgombaud, et dudit chemin remontant à main gauche du costé du couchant jusqu'au chemin de Cherves aux Roches et suivant ycelluy chemin du mesme costé du couchant jusqu'au champt Durand despendant de la mesterie des Roches, suivant le longt d'ycelluy du costé du midy jusqu'au buisson à Guiot despendant de laditte mesterie et dudit buisson retournant à main gauche autour d'ycelluy jusqu'à la terre de laditte mesterie et de laditte terre, suivant le longt d'ycelle jusqu'à la tenue des Vignaux despendant de la seigneurie des Roches, suivant le longt d'ycelle tenue jusqu'à la terre de laditte mesterie de Puypellerin, première confrontation ; dans laquelleditte tenue, le seigneur du Blancq y fait la moitié. A cause et pour raison de laquelleditte tenue lesdits dessusdits m'ont dit et déclarez vous devoir et accoustumer tous payer par chacun an, à cause de vostre prieuré fief, terre et seigneurie de Biennavant, à la recepte dudit lieu, en chacun jour et feste de Saint-Michel : trois boisseaux de froment, trois boisseaux d'avoinne (mezure du Blancq), un chappon et quinze deniers en argent, de cens et rante noble, directe, feaudalle et foncière etc., etc., etc...

« Estant aussy tenu à leur connoissance etc., etc., etc...

« Fait et passé au bourg de Poulligny le vingtneuvième d'Octobre 1726, et ont lesdittes partyes déclarez ne scavoir signer. Ainsy signé en la minutte des présentes : Pérussault et Clément, nottaires royaux. Controllé et sellé à Tournon par Vidard, le huitième de Novembre audit an. Reçu douze sols pour les droits. »

46. **Déclaration de la tenue des Augers.** — « Par devant les nottaires
30 Octob. 1726 royaux de la sénéchaussée de Montmorillon etc., etc., etc... :
id. « Se sont comparus en leurs personnes, Pierre Gaillard, Jean Picard, Morisse Tourraine à cause de sa femme Françoise Aubier, Jean Dray, Jeanne Aubier, Melleine Lefesvre, Pierre Bernard, tous journalliers et vignerons demeurans au village de Biennavant, parroisse de Poulligny, Jean Berthommier laboureur, demeurant au village de Coulevray susditte parroisse, Antoine Bourdichon journallier, demeurant à Muant parroisse de Saint-Génitour du Blancq, Jean Moisnier journallier, demeurant à Coulevray, Jean Bergeon, au nom et comme père, tutteur et loyal administrateur de ses enfans, demeurant au village de Muant susditte parroisse de Saint-Génitour, et Charles Lefesvre brulleur, demeurant en la ville du Blancq, lesquels, tant pour eux que pour René Bertrand, Gabrielle Bordichonne, Charles de la Combe, Charles Picard, Marie Compagnon, René Augros, Michelle Nuret, les hoirs feu maistre Louis Legroût vivant sieur de la Coudraye, les hoirs Antoine Thuillier et les hoirs feu Jean Crouzat, leurs parsonniers absents, ont cejourd'huy de leur bon gré et vollonté reconnus et confessez, reconnoissent et advoüent tenir de vous, Messieurs les Directeurs et Suppérieurs du Séminaire des Missions Estrangères de Quebecq etc., etc., etc... :

« Scavoir est la tenue et tennement des Augers, size prest le village de Biennavant, contenant vingt-trois boissellées ou environ, joignant du levant la tenue de la Baraudrie, celle des Grandes Vignes et celle des Guionnettes, du midy la vigne du sieur de Bonnefonds, du couchant la tenue des Alleux et du septantrion le Chemin de

Biennavant à Mont-la-Chapelle. A cause et pour raison de laquelle-ditte tenue, lesdits dessusdits m'ont dit et déclarez vous devoir et accoustumer tous payer par chacun an, à cause de vostre prieuré, fief, terre et seigneurie de Biennavant, en la recepte dudit lieu, en chacun jour et feste de Saint-Michel : une poulle et six sols en argent, de cens et rante noble, directe, feaudalle et foncière, etc., etc., etc...

« Estant tenu à leur connoissance etc., etc., etc...

« Fait et passé au village de Biennavant le trentième d'Octobre 1726 et ont lesdittes partyes déclarez ne scavoir signer. Ainsy signé en la minutte des présentes : Pérussault et Clément, nottaires royaux. Controllé et sellé à Tournon le huitième Novembre audit an par Vidard. Reçu douze sols pour les frais. »

47. **Déclaration de la tenue des Moiniers.** — « Par devant les nottaires
30 Octob. 1726 royaux de la sénéchaussée de Montmorillon etc., etc., etc... :
id. « Se sont comparus en leurs personnes Martin Defressine, Pierre Dupont, Guillaume Parpirolle, tant pour lui que pour ses frères et sœurs, journalliers, Suzanne Maillet, tenue de Jacques Jollivet, demeurant au bourg et parroisse de Poulligny, Gabriel Pillorget journallier, Melleine Aubin, Jean Chérioux laboureur, demeurant au village de Veillon, Jean Benoist fermier de la seigneurie de Montagut y demeurant, Jacques Blanchard mareschal, demeurant au bourg, Pierre Pillorget laboureur, demeurant à la Chaume, Jean Bauvienne, demeurant à Champtcornu, tous parroissiens de Poulligny, lesquels, tant pour eux que pour les hoirs François Cadon, Pierre Cadon et ses parsonniers, les hoirs Silvain Blanchard, Louis Venault, les hérittiers Charles Deblet, maistre Claude Gallepuy sieur du Charrault, maistre Henry Louis Pasquier, Silvain Maillet, Guy Aubier, les hoirs dame Catherine Bonnault, maistre Louis Blanchard, Charles Fraigne, les hoirs Charles Jouesnin, Louis Guionnet, Louis Guydault, Pierre Blanchard, maistre Jean Joseph Bonamy sieur de la Puiserie, René Dubeau, Claude Parpirolle, maistre Philippe-Hillaire Arnoux et les hoirs Jean Crouzat, leurs parsonniers absens, ont cejourd'huy de leur bon gré et vollonté reconnus et confessez, reconnoissent tenir de vous, Messieurs les Suppérieurs et Directeurs du Séminaire des Missions Estrangères de Quebecq en Canada etc., etc., etc... :

« Scavoir est la tenue et tennement des Moiniers, size prest le bourg de Poulligny, estant en cinq pièces, la première appelée le Traverger, contenant quarante boissellées ou environ, joignant du levant la tenue de la Thuillerie, despendant de la Rochemorlon, celle du Champt du Clou, autrement dict le taillis de l'Essart, du midy le chemin de Poulligny à Pèziers et la tenue du Traverger, du couchant le pré de la cure de Poulligny, la tenue de la Fosse de Bourdeaux et celle de la Mareschaudrie, et du septentrion le chemin de Poulligny à Douadicq ; la seconde pièce appelée la Petite Varenne et la Moynière, contenant seize boissellées ou environ, joignant du levant le chemin de Poulligny à Biennavant, du midy la terre de dame Marie Mesnigault, du couchant le chemin de Poulligny à Migeault et du septantrion le chemin de Tournon au Blancq ; la troisième pièce appelée les Plantes, contenant vingt boissellées ou environ, joignant du levant les pacages du Chastel et le chemin de Poulligny à Mont-la-Chapelle, du midy le chemin du Blancq à Tournon, du couchant le chemin de Poulligny à Biennavant et du septantrion la terre de Martin de Fressine ; la quatrième pièce appelée le Champt Delasseur, contenant treize boissellées ou environ, joignant du levant et midy le chemin de Poulligny aux Roches, du couchant le chemin du Reclus à Biennavant et du septentrion les terres de Jacques Mardellet et du sieur Bonnamy ; la cinquième et dernière pièce appelée la Croix Verger contenant huit boissellées ou environ, joignant du levant la terre de Madame Lagoutte et celle des hoirs Claude Guydault, du midy la terre de Jean Beauvienne, du couchant le chemin de Poulligny aux Roches et du septantrion la tenue de la Croix Verger. A cause et pour raison de laquelledItte tenue lesdits dessusdits m'ont dit et déclarez devoir et accoustumer vous payer, à cause de vostredit prieuré, fief, terre et seigneurie de Biennavant, à la recepte dudit lieu, en chacun jour et feste de Saint-Michel : six boisseaux d'avoinne (mezure du Blancq) et cinq deniers en argent, de cens et rante noble, directe, feaudalle et foncière, etc., etc., etc...

« Estant aussy tenu à leur connoissance etc., etc., etc...

« Fait et passé au bourg de Poulligny, le trentième jour d'Octobre 1726, et ont lesdittes partyes déclarez ne scavoir signer. Ainsy signé en la minutte des présentes : Pérussault et Clément nottaires royaux. Controllé et sellé à Tournon par Vidard, le huitième de Novembre audit an. Reçu douze sols pour les frais. »

48. **Déclaration de la tenue des Maisons autrement des Boucherons.** —
31 Octob. 1726 « Par devant les nottaires royaux de la sénéchaussée de Montmorillon
id. etc., etc., etc... :

« Se sont comparus en leurs personnes, Jean Destreilles, Louis Ledué, Mathurine Crochet tenue Louis Brouard, Claude Defressine et Jacques Jollivet tous journalliers, demeurans au bourg et parroisse de

Poulligny, lesquels ont cejourd'huy déclarez bon gré et vollonté reconnus et confessez, reconnoissent et advoüent par ces présentes tenir de vous Messieurs les Suppérieurs et Directeurs du Séminaire des Missions Estrangères de Quebecq etc., etc., etc... :

« Scavoir est la tenue et tennement des Maisons autrement des Boucherons, size audit bourg de Poulligny, consistant en maisons, granges, courtillages, jardins et chennevières, contenant six boissellées ou environ, joignant du costé du levant la chennevière des hoirs Claude Guydault et le jardin des hoirs Louis Blanchard de la tenue des Moiniers, despendant de la seigneurie des Tessonnières, et le jardin de Pierre Gabillon despendant de la seigneurie de la Millandière, du midy au chemin de Poulligny aux Roches, du couchant au pré et terres desdits hoirs Claude Guydault, à cause de l'arrantement qu'ils tiennent du seigneur de la Millandière, du septantrion la terre et jardin de Madame Lagoutte, et une portion des bastimens, aisances et jardin des hoirs maistre Jean Farré. A cause et pour raison de laquelleditte tenue, lesdits dessusdits m'ont dit et déclarez devoir et accoustumer vous payer à cause de vostre prieuré, fief, terre et seigneurie de Biennavant, à la recepte dudit lieu, en chacun jour et feste de Saint-Michel : un boisseau de froment (mezure du Blancq), deux livres de sire et le quart d'une poulle, de cens et rante noble, directe, feaudalle et foncière etc., etc., etc...

« Estant aussy tenu à leur connoissance etc., etc., etc...

« Fait et passez audit bourg de Poulligny, le dernier jour d'Octobre 1726, et ont lesdittes partyes déclarez ne scavoir signer. Ainsy signé en la minutte des présentes : Pérussault et Clément nottaires royaux. Controllé et sellé à Tournon par Vidard, le huitième de Novembre audit an. Reçu douze sols pour les frais. »

49. **Déclaration de la tenue des Terrageault.** — « Par devant les nottaires royaux de la sénéchaussée de Montmorillon etc., etc., etc... :

31 Octob. 1726

id.

« Se sont comparus en leurs personnes, Jean Benoist fermier de la seigneurie de Montagut et y demeurant, Melleine Benoist laboureur, Silvain Brouard, Melleine Aubier laboureur, demeurant au village de Veillon, les hérittiers Jacques Brouard, Jacques Guion journallier, demeurant à Biennavant, Silvain, Pierre et Louis Ledué, journalliers, demeurans au bourg de Poulligny, et les hérittiers Charles Guydault, tous parroisssiens de Poulligny, lesquels ont cejourd'huy de leurs bon gré et vollonté reconnus et confessez, reconnoissent et advoüent par ces présentes tenir de vous, Messieurs les Suppérieurs et Directeurs du Séminaire des Missions Estrangères de Quebecq etc., etc... :

« Scavoir est la tenue et tennement des Terrageault, size proche de Poulligny, contenant vingt boissellées ou environ, joignant du levant la tenue des Jarriges et celle du Plantis Girault, du midy la vigne de Charles Maillet et Pierre Pillorget, du couchant les terres du sieur de la Puiserie et du septantrion le chemin de Poulligny à Veillon. A cause et pour raison de laquelleditte tenue, lesdits dessusdits m'ont dit et déclarez devoir et accoustumer vous payer par chacun an, à cause de vostre prieuré, fief, terre et seigneurie de Biennavant, à la recepte dudit lieu, en chacun jour et feste de Saint-Michel : deux sols six deniers en argent, de cens et rante noble, directe, feaudalle et foncière etc., etc., etc...

« Estant aussy tenu à leur connoissance etc., etc., etc...

« Fait et passé audit bourg de Poulligny, le dernier jour d'Octobre 1726, et ont lesdittes partyes déclarez ne scavoir signer. Ainsy signé en la minutte des présentes : Pérussault et Clément, nottaires royaux. Controllé et sellé à Tournon par Vidard, le huitième de Novembre audit an. Reçu douze sols pour les frais. »

50. **Déclaration de la tenue du Grand Breuil.** — « Par devant les not-
1er Nov. 1726 taires royaux de la sénéchaussée de Montmorillon etc., etc,, etc... :
id. « Se sont comparus en leurs personnes, Jean Cardinault, Léger Desiray, Pierre Guion, Melleine Ricquemacque, Guillaume Cardinault, François Bouttin, tous laboureurs et journalliers, demeurans au village de Biennavant, parroisse de Poulligny, lesquels, tant pour eux que pour Monsieur de Chambon, la tenue Sébastien Cherrioux, Jean Dray, maistre Louis Moreau et Jean Picard leurs parsonniers absens, ont cejourd'huy de leurs bon gré et vollonté reconnus et confessez, reconnoissent et advoüent par ces présentes tenir de vous, Messieurs les Suppérieurs et Directeurs du Séminaire des Missions Estrangères de Quebecq etc., etc., etc... :

« Scavoir est la tenue et tennement du Grand Breuil, size entre Poulligny et Biennavant, contenant soixante-treize boissellées deux chesnées (mezure du Blancq), joignant du levant le chemin de Poulligny à Migeaux, du midy les terres et taillis de Monsieur du Pin, du couchant la terre dudit sieur du Pin et la tenue d'Eustache Gérosme et du septantrion laditte tenue d'Eustache Gérosme, celle de la Fosse et celle du Mas Saint-Père, autremant les Varennes. A cause et pour raison de laquelleditte tenue, lesdits dessusdits m'ont dit et déclarez devoir et accoustumer vous payer par chacun an, à cause de vostre prieuré, fief, terre et seigneurie de Biennavant, à la recepte dudit lieu, en chacun jour et feste de Saint-Michel : six boisseaux d'avoinne (mezure du Blancq), un chappon et six deniers, de cens et rante noble, directe, feaudalle et foncière etc., etc., etc...

« Estant aussy tenu à leur connoissance etc., etc., etc...

« Fait et passé au bourg de Poulligny, le premier de Novembre 1726, et ont lesdittes partyes déclarez ne scavoir signer. Ainsy signé en la minutte des présentes : Pérussault et Clément, nottaire royaux. Controllé et sellé à Tournon par Vidard, le huitième de Novembre audit an. Reçu douze sols pour les droits. »

51. **Déclaration de la tenue du Perchis.** — « Par devant les nottaires
1er Nov. 1726 royaux de la sénéchaussée de Montmorillon etc., etc., etc... :
id. « Se sont comparus en leurs personnes, Jean Gabillon marchand, Jean Chérioux laboureur, Melleine Aubier laboureur, Gabriel Pillorget journallier, Silvain Brouard laboureur, demeurans tous au village de Veillon et Melleine Mériot laboureur, demeurant à Vernais, parroisse de Poulligny, lesquels, tant pour eux que pour Pierre Caillaud et les parsonniers Antoyne Sauvet, les hoirs feu Génitour Benoist et René Blondeau à cause de sa femme, leurs parsonniers absens, ont cejourd'huy de leur bon gré et vollonté reconnus et confessez, reconnoissent et advouent par ces présentes tenir de vous, Messieurs les Suppérieurs et Directeurs du Séminaire des Missions Estrangères de Quebecq etc., etc., etc... :

« Scavoir est la tenue et tennement du Perchis, size prest ledit village de Veillon, contenant quarante boissellées ou environ, joignant du levant, midy, couchant et septantrion la tenue des Jarriges. A cause et pour raison de laquelleditte tenue, lesdits dessusdits m'ont dit et déclarez devoir et accoustumer vous payer par chacun an, à cause de vostredit prieuré, fief, terre et seigneurie de Biennavant, en la recepte dudit lieu, en chacun jour et feste de Saint-Michel : deux poulles et sept sols six deniers en argent, de cens et rante noble, directe, feaudalle et foncière, etc., etc., etc...

« Estant aussy tenu à leur connoissance etc., etc., etc...

« Fait et passé audit village de Veillon, le premier de Novembre 1726, et ont lesdittes partyes déclarez ne scavoir signer. Ainsy signé en la minutte des présentes : Pérussault et Clément, nottaires royaux. Controllé et sellé à Tournon, le huitième dudit mois audit an par Vidart. Reçu douze sols pour les droits. »

52. **Déclaration de la tenue de la Poirière.** — « Par devant les nottaires
1er Nov. 1726 royaux de la sénéchaussée de Montmorillon etc., etc., etc...
id. « Se sont comparus en leurs personnes, Guillaume Parpirolle journallier, tant pour lui que pour ses frères et sœurs, Martin Defres-

sine, Pierre et Louis Ledué journalliers, demeurans tous au bourg et parroisse de Poulligny, lesquels, tant pour eux que pour maistre Claude Gallepuy, sieur du Charrault et dame Marie Chardon tenue de feu maistre Louis Legroüt, sieur de la Coudraye, leurs parsonniers absens, ont cejourd'huy de leur bon gré et vollonté reconnus et confessez, reconnoissent et advoüent par ces présentes, tenir de vous, Messsieurs les Suppérieurs et Directeurs du Séminaire des Missions Estrangères de Quebecq etc., etc., etc... :

« Scavoir est la tenue et tennement de la Poirière, size prest le bourg de Poulligny, contenant six boissellées dix chesnées, joignant du levant le chemin de Poulligny au Blancq, du midy la vigne des Plantes de la tenue des Moiniers, du couchant le chemin de Poulligny à Biennavant, et du septantrion le carrouër de la Croix-Rouge. A cause et pour raison de laquelleditte tenue, lesdits dessusdits m'ont dit et déclarez devoir et accoustumer vous payer chacun an, à cause de vostredit prieuré, fief, terre et seigneurie de Biennavant, à la recepte dudit lieu, en chacun jour et feste de Saint-Michel : six deniers d'argent, de cens et rante noble, directe, feaudalle et foncière etc., etc., etc...

« Estant aussy tenu à leur connoissance etc., etc., etc...

« Fait et passé audit bourg de Poulligny, le premier de Novembre 1726 et ont lesdittes partyes déclarez ne scavoir signer. Ainsy signé en la minutte des présentes : Pérussault et Clément, nottaires royaux. Controllé et sellé à Tournon par Vidard, le huitième dudit mois audit an. Reçu douze sols pour les droits. »

53.
2 Nov. 1726
id.

Déclaration de la tenue du Mas Saint-Père, autrement dit les Varennes de Brée. — « Par devant les nottaires royaux de la sénéchaussée de Montmorillon etc., etc., etc...

« Se sont comparus en leurs personnes, Pierre Gabillon charpantier, Guillaume Parpirolle journallier, tant pour luy que pour ses frères et sœurs, demeurans au bourg et parroisse de Poulligny, Jacques Mardellet laboureur, demeurant au village des Cardinaudières, et Joseph Chartin laboureur, à cause de Marthe Benoist sa femme, demeurans au village de Cherves, susditte parroisse de Poulligny, lesquels, tant pour eux que pour Messire Antoine de la Rivière, escuyer, seigneur de la Ferrandière et les hoirs dame Catherine Bonnault leurs parsonniers absens, ont cejourd'huy de leur bon gré et vollonté reconnus et confessez, reconnoissent et advoüent par ces présentes tenir de vous, Messieurs les Suppérieurs et Directeurs du Séminaire des Missions Estrangères de Quebecq etc., etc., etc...

« Scavoir est la tenue et tennement du Mas Saint-Père autrement les Varennes de Brée, contenant vingt boissellées ou environ, joignant du levant le chemin de Poulligny à Migeaux, du midy les taillis de la tenue du Grand-Breuil, du couchant le santier de Poulligny à Biennavent et du septantrion la terre de dame Marie Mesnigault. A cause et pour raison de laquelleditte tenue, lesdits dessusdits m'ont dit et déclarez devoir et accoustumer vous payer par chacun an, à cause de vostre prieuré, fief, terre et seigneurie de Biennavant, en la recepte dudit lieu, en chacun jour et feste de Saint-Michel : trois boisseaux d'avoinne (mezure du Blancq), de cens et rante noble, directe, feaudale et foncière, etc., etc., etc...

« Estant aussy tenu à leur connoissance, etc., etc., etc., etc...

« Fait et passé audit bourg de Poulligny le deuxième jour de Novembre 1726, et ont lesdittes partyes déclarez ne scavoir signer. Ainsy signé en la minutte des présentes : Pérussault et Clément, nottaires royaux. Controllé et sellé à Tournon par Vidard, le huitième de Novembre audit an. Reçu douze sols pour les droits. »

54. **Déclaration de la tenue du Grand-Puy, autrement la tenue des**
2 Nov. 1726 **Bouchers.** — « Par devant les nottaires royaux de la sénéchaussée de
id. Montmorillon etc., etc., etc... :

« Se sont comparus en leurs personnes, Jean Destreilles journallier, Mathurine Crochet tenue de feu Louis Brouard, et Claude Deffressine tailleur dabits, demeurans au bourg et parroisse de Poulligny, lesquels ont cejourd'huy déclarez bon gré et vollonté reconnus et confessez, reconnoissent et advoüent par ces présentes tenir de vous, Messieurs les Directeurs et Suppérieurs du Séminaire des Missions Estrangères de Quebecq etc., etc., etc.... :

« Scavoir est la tenue et tennement du Grand-Puy, autrement la tenue des Bouchers, size prest le santier Nouveau, contenant dix boissellées ou environ, joignant du levant le chemin de Champt-Cornu à Migeaux, du midy la terre de Madame Lagoutte, du couchant la terre de Claude Deffressine et du septantrion le santier Nouveau. A cause et pour raison de laquelleditte tenue, lesdits dessusdits m'ont dit et déclarez devoir et accoustumer vous payer par chacun an, à cause de vostre prieuré, fief, terre et seigneurie de Biennavant, en la recepte dudit lieu, en chacun jour et feste de Saint-Michel : un boiceau de froment, un boiceau d'avoinne (mezure du Blancq), et quinze deniers en argent, de cens et rante noble, directe, feaudalle et foncière, etc., etc., etc...

« Estant aussy tenu à leur connoissance, etc., etc., etc...

« Fait et passé audit bourg de Poulligny le deuxième de Novembre 1726, et ont lesdittes partyes, déclarez ne scavoir signer. Ainsy signé en la minutte des présentes : Pérussault et Clément nottaires royaux. Controllé et sellé à Tournon, le huitième de Novembre audit an par Vidard, Reçu douze sols pour les droits. »

55. **Déclaration de la tenue de la Bouïge du Bois.** — « Par devant les
2 Nov. 1726 nottaires royaux de la sénéchaussée de Montmorillon, etc., etc., etc... :
id. « Se sont comparus en leurs personnes, Jean Benoist fermier de la seigneurie de Montagut et y demeurant, tant pour luy que pour les hoirs Estienne Benoist ses petits enfans, Melleine Benoist laboureur, Jean Gabillon, René Aubier, Jean Chérioux, Melleine Mériot, Melleine Aubier, tous laboureurs, Morisse Tourraine journallier, à cause de sa femme, demeurans aux villagex de Biennavant et Veillon, le tout parroisse de Poulligny, lesquels, tant pour eux que pour maistre Claude Gallepuy sieur du Charrault, Charles Frasgne, Jacques Gujon, à cause de sa femme, Pierre Blondeau de mesme, Pierre Brouard et ses nepveux, Pierre Caillaud, Louis Ledué à cause de sa femme et Jean Brouard leurs parsonniers absens, ont cejourd'huy déclarez bon gré et vollonté reconnus et confessez, reconnoissent et advoüent par ces présentes tenir de vous, Messieurs les Suppérieurs et Directeurs du Séminaire des Missions Estrangères de Quebecq en Canada etc., etc., etc... :

« Scavoir est la tenue et tennement de la Bouïge du Bois, size prest Veillon, contenant trente boissellées ou environ, joignant du levant la terre dudit Jean Gabillon et Jean Chérioux de la tenue des Chappons, du midy le chemin de Poulligny à Ruffec le Chasteau, du couchant la terre de Jean Benoist et René Aubier de la tenue de la Vallée au Cordonnier, despendant dudit prieuré de Biennavant, et du septantrion l'autre partye de terre de Melleine Aubier de la tenue du Champt Gillier. A cause et pour raison de laquelleditte tenue, lesdits dessusdits m'ont dit et déclarez devoir et accoustumer vous payer par chacun an, à cause de vostre prieuré, fief, terre et seigneurie de Biennavant, à la recepte dudit lieu, en chacun jour et feste de Saint-Michel : un boiceau de froment (mezure du Blancq), et trois deniers en argent, de cens et rante noble, directe, feaudalle et foncière etc., etc., etc...

« Estant aussy tenu à leur connoissance etc., etc., etc...

« Fait et passé au bourg de Poulligny, le deuxième de Novembre, 1726, et ont lesdittes partyes déclarez ne scavoir signer. Ainsy signé en la minutte des présentes : Pérussault et Clément, nottaires royaux. Controllé et sellé à Tournon par Vidard, le huitième dudit mois audit an. Reçu douze sols pour les droits. »

56.
3 Nov. 1726
id.

Déclaration de la tenue des Jarriges et Marchais Robert. — « Par devant les nottaires royaux de la sénéchaussée de Montmorillon etc., etc., etc... :

« Se sont comparus en leurs personnes, Jean Benoist fermier de la seigneurie de Montagut et y demeurant, Jean Gabillon laboureur, Gabriel Pillorget journallier, Silvain Brouard, René Aubier, Melleine Aubier, Jean Chérioux laboureurs, René Blondeau, demeurans au village de Veillon, tous parroissiens de Poulligny, Melleine Mériot laboureur demeurant à Vernais susditte parroisse, lesquels, tant pour eux que pour maistre Pierre Fontenette lesné advocat, maistre Pierre Dominique Fontenette aussy advocat en la ville du Blancq, dame Marie Mesnigault, tenue de feu maistre Gérosme de Lagoutte, damoizelle Jeanne Pasquier fille majeur et usant de ses droits, Charles Frasgne, les hoirs feu Melleine Mériot, Pierre Brouard et ses nepveux, François Brouard et sa sœur, Pierre Blondeau, Antoyne Sauvet, les hoirs Luc Génitour Benoist, René Coudis à cause de sa femme, Melleine Brouard à cause de son arrantement qu'il tient de Monsieur des Cloux et maistre Clande Gallepuy sieur du Charrault, leurs parsonniers absens, ont cejourd'huy déclarez bon gré et vollonté reconnus et confessez, reconnoissent et advoüent par ces présentes, tenir de vous, Messieurs les Suppérieurs et Directeurs du Séminaire des Missions Estrangères de Quebecq etc., etc., etc... :

« Scavoir est la tenue et tennemant des Jarriges et Marchais Robert, contenant cinq cent cinquante boissellées ou environ, tant en terre labourable, vignes, bois, taillis et rocages, joignant du levant le chemin de Lureuil au Blancq, du midy les terres et bois de Monsieur des Cloux et par un bout le chemin du Blancq à Tournon, du couchant la tenue des Moiniers et celle des Terrageault et du septantrion le chemin de Poulligny à Ruffec le Chasteau. A cause et pour raison de laquelleditte tenue, lesdits dessusdits m'ont dit et déclarez devoir et accoustumer vous payer par chacun an, à cause de vostre prieuré, fief, terre et seigneurie de Biennavant, à la recepte dudit lieu, en chacun jour et feste de Saint-Michel ; douze boiceaux de froment et douze boiceaux d'avoinne (mezure du Blancq), deux chappons, deux gellines et cinq deniers en argent, de cens et rante noble, directe, feaudalle et foncière etc., etc., etc...

« Estant aussy tenu à leur connoissance etc., etc., etc...

« Fait et passé audit bourg de Poulligny, le troisième de Novembre 1726, et ont lesdittes partyes déclarez ne scavoir signer. Ainsy signé en la minutte des présentes : Pérussault et Clément nottaires royaux. Controllé et sellé à Tournon par Vidard, le huitième de Novembre audit an. Reçu douze sols pour les frais. »

57. **Déclaration du Tray Verger.** — « Par devant les nottaires royaux
4 Nov. 1726 de la sénéchaussée de Montmorillon etc., etc., etc... :
id.

« Se sont comparus en leurs personnes, Jean Benoist fermier de la seigneurie de Montagut et y demeurant, Silvain Brouard laboureur, Jacques Blanchard mareschal, demeurant au bourg et Melleine Benoist laboureur, demeurans tous parroisse de Poulligny, lesquels tant pour eux que pour les hoirs Génitour Benoist, Charles Frasgne, Charles Guydault, Charles Mériguet, les hoirs Claude Guydault, Jacques Guion, Jean Pascaud à cause de l'arrantement qu'il tient de Louis Venault lesné, maistre Claude Gallepuy sieur du Charrault, les hoirs Silvain Blanchard, maistre Louis Pasquier et Pierre Portault à cause de Marguerite Benoist sa femme, leurs parsonniers absens, ont cejourd'huy de leur bon gré et vollonté reconnus et confessez, reconnoissent et advoüent par ces présentes, tenir de vous, Messieurs les Suppérieurs et Directeurs du Séminaire des Missions Estrangères de Quebecq etc., etc., etc... :

« Scavoir est la tenue et tennement du Tray Verger, size prest ledit bourg de Poulligny, estant en deux pièces : la première contenant dix boissellées ou environ, joignant du levant les terres du seigneur des Teissonnières, du Pin et de la Jozière despendant de la tenue des Minières, du midy le chemin de Poulligny à Ruffec le Chasteau, du couchant le pré de la cure de Poulligny et du septantrion la terre des hoirs Louis Gaillard de la tenue des Moinières ; la segonde et dernière pièce, size audit lieu, contenant dix boissellées ou environ, joignant du levant la terre de Pierre Dupont et celle de Jean Benoist de la tenue des Moinières, du midy la terre dudit Benoist de laditte tenue des Moinières, du couchant le pré de Jacques Blanchard et la terre des hoirs Louis Blanchard de la Fosse à Bourdeaux et du septantrion la terre de Gabriel Pillorget et de Melleine Aubier. A cause et pour raison de laquelleditte tenue, lesdits dessusdits m'ont dit et déclarez devoir et accoustumer vous payer par chacun an, à cause de vostre prieuré, fief, terre et seigneurie de Biennavant, à la recepte dudit lieu, en chacun jour et feste de Saint-Michel : trois boiceaux d'avoinne (mezure du Blancq), et trois sols neuf deniers en argent, de cens et rante noble, directe, feaudalle et foncière etc., etc., etc...

« Estant aussy tenu à leur connoissance etc., etc., etc...

« Fait et passé audit bourg de Poulligny, le quatrième de Novembre 1726, et ont lesdittes partyes déclarez ne scavoir signer. Ainsy signé en la minutte des présentes : Pérussault et Clément nottaires royaux. Controllé et sellé à Tournon par Vidard, le huitième de Novembre audit an. Reçu douze sols pour les frais. »

58.
5 Nov. 1726
id.

Déclaration de la tenue des Cardinault. — « Par devant les nottaires royaux de la sénéchaussée de Montmorillon etc., etc., etc... :

« Se sont comparus en leurs personnes, Guillaume Cardinault tant pour lui que pour ses consorts, Laurent Guion journallier, demeurans au village de Biennavant, parroisse de Poulligny, lesquels ont cejourd'huy de leur bon gré et vollonté reconnus et confessez, reconnoissent et advoüent par ces présentes tenir de vous, Messieurs les Suppérieurs et Directeurs du Séminaire des Missions Estrangères de Quebecq etc., etc., etc... :

« Scavoir est la tenue et tennement des Cardinault, size audit village de Biennavant, consistant en bastimens, courtillages et jardins, joignant de trois parts les bastimens, courtillages et aisances du sieur de Bonnefonds, d'autre au chemin de Biennavant à Fontgombaud à main droitte, plus au champt de l'Esglise, tant en vigne, jardin que chennevière, le tout renfermé de fossée, contenant huit boissellées ou environ, joignant ledit chemin à main gauche, d'autre au chemin dudit Biennavant au gué à main gauche, d'autre le pré du moullin de Biennavant et d'autre le jardin de Jean Thuillier; plus au champt de Derrière : quatre boissellées ou environ, tant en terre que renfermy, joignant de trois parts ledit sieur de Bonnefonds, d'autre au chemin de Biennavant aux Vallées à main gauche; plus en la vigne Dupandu : cinq boissellées ou environ, joignant de deux parts le sieur de Bonnefonds, d'autre celle de Jacques Thuillier et d'autre au chemin de Biennavant à Puypellerin à main droitte; plus au taillis de la vallée de Puypellerin : taillis et rocage, quinze boissellées ou environ, joignant la vigne des hoirs Carré, d'autre au chemin dudit Biennavant au bois de Puypellerin à main droitte, d'autre les bois du sieur de Bonnefonds et d'autre le taillis des Roches ; plus à la vallée aux Proux : terre et bois et rocage, quatorze boissellées ou environ, joignant des deux parts ledit sieur de Bonnefonds, d'autre au chemin de Biennavant au Reclus à main droitte ; plus aux Boursettes : terres, bois, rocage et vigne, vingt-quatre boissellées ou environ, joignant le chemin de

Biennavant à Poulligny à main droitte, d'autre les terres dudit sieur de Bonnefonds et d'autre la terre de maistre Mathieu Augier ; plus aux Grandes Vignes : huit boicellées ou environ, joignant de trois parts ledit sieur de Bonnefonds, d'autre au chemin de Biennavant à Poulligny à main gauche ; plus à la vigne des Aubiers : quatre boicellées et demye, joignant d'une part Jean Morineau, d'autre Melleine Ricquemacque, d'autre Melleine Lefesvre et d'autre Charles Picard ; plus au chiron des Roziers : deux boicellées ou environ, joignant le chemin de Biennavant à la Rodrie à main gauche, d'autre Léger Desiray et d'autre les hoirs Jacques Peyronnet, et d'autre Jean Dray ; plus à la Garenne, en vigne et taillis : huit boicellées ou environ, joignant la vigne de Monsieur de Bonnefonds, d'autre Melleine Lefesvre, d'autre au chemin de Biennavant à Poulligny à main droitte ; plus un morceau de pré, siz proche l'escluze de Migeaux, joignant d'une part Monsieur de Bonnefonds, d'autre au chemin dudit Biennavant au port de Migeaux. A cause et pour raison de laquelleditte tenue, lesdits dessusdits m'ont dit devoir et accoustumer vous payer par chacun an, à cause de vostre prieuré, fief, terre et seigneurie de Biennavant, en la recepte dudit lieu, en chacun jour et feste de Saint-Michel : trois livres en argent, de cens et rante noble, directe, feaudalle et foncière., etc., etc., etc...

« Estant aussy tenu à leur connoissance etc., etc., etc...

« Fait et passé au bourg de Poulligny, le cinquième de Novembre 1726, et ont lesdittes partyes déclarez ne scavoir signer. Ainsy signé en la minutte des présentes : Pérussault et Clément, nottaires royaux. Controllé et sellé à Tournon par Vidard, le huitième dudit mois audit an. Reçu vingt-quatre sols pour les frais. »

59. **27 Nov. 1726** id. **Déclaration de la tenue du Pointet, size au village de Biennavant.** — « Par devant les nottaires royaux de la sénéchaussée de Montmorillon etc., etc., etc... :

« Se sont comparus en leurs personnes, Daniel Aubier journallier, demeurant au village de Biennavant, Antoinette Aubier de présent femme de Louis Jollivet, demeurant au bourg de Poulligny, François Tourraine, demeurant au village de Veillon, Louis Tourraine journallier, demeurant au bourg et parroisse de Poulligny, faisant tant pour eux que pour Morice Nicollas, Louis et Marie Tourraine et Jacques Brouard à cause de Françoise Tourraine sa femme, lesquels ont cejourd'huy de leurs bon gré et vollonté reconnus et confessez, reconnoissent et advoüent tenir par ces présentes de vous, Messieurs les

Suppérieurs et Directeurs du Séminaire des Missions Estrangères de Quebecq etc., etc., etc... :

« Scavoir est la tenue et tennement du Pointet, size prest ledit village de Biennavant, contenant deux boicellées ou environ, joignant le chemin de Biennavant au Touzet à main droitte, et d'autre du levant, midy et couchant la tenue des Alleux. A cause et pour raison de laquelleditte tenue, lesdits dessusdits m'ont dit et déclarez devoir et accoustumer vous payer par chacun an, à cause de vostre prieuré, fief, terre et seigneurie de Biennavant, à la recepte dudit lieu, en chacun jour et feste de Saint-Michel : un chappon et onze deniers de cens et rante noble, directe, feaudalle et foncière etc., etc., etc...

« Estant aussy tenu à leur connoissance etc., etc., etc...

« Fait et passé audit bourg de Poulligny, le vingtseptième d'Octobre 1726, et ont lesdittes partyes déclarez ne scavoir signer. Ainsy signé en la minutte des présentes : Pérussault et Clément, nottaires royaux. Controllé et sellé à Tournon, le huitième de Novembre audit an par Vidard. Reçu douze sols pour les droits. »

60. **3 Mars 1727** id. **Déclaration de la tenue des Cloux Demont.** — « Par devant les nottaires royaux de la sénéchaussée de Montmorillon etc., etc., etc... :

« Se sont comparus en leurs personnes, Pierre Guion, René Bertrand sergeant, Melleine Ricquemacque, Jean Gabillon lesné, Charles Picard, Charles Gaillard, Daniel Aubier, Jean Morineau, Jean Picard, Jean Dray, tous laboureurs et journalliers, demeurans au village de Biennavant, Jean Collin, demeurant à Mont-la-Chapelle, Louis Pailler laboureur, demeurant audit lieu, Melleine et Jean Lerpinière, demeurans à Veillon, Guillaume Cailler, demeurant audit lieu, Melleine Mériot laboureur, demeurant à Vernais, Jean Benoist fermier de la seigneurie de Montagut et y demeurant, Gabriel Pillorget, demeurant à Veillon, tous parroissiens de Poulligny, Jean Prestrault, demeurant à Saintigny, Jean Cherrier à cause de sa femme, meusnier, demeurant au moullin de la Hire, parroisse de Douadicq, François Berthommier, demeurant à Brachard, parroisse de Saint-Martin de Tournon et Melleine Friquet, demeurant à Migeaux, parroisse de Sauzelles, lesquels, tant pour eux que pour les hoirs Antoyne Tourraine et les hérittiers Jean Delaleuf leurs parsonniers absens, ont cejourd'huy de leurs bon gré et vollonté reconnus et confessez, reconnoissent et advoüent par ces présentes tenir de vous, Messieurs les Suppérieurs et Directeurs du Séminaire des Missions Estrangères de Quebecq etc., etc., etc... :

« Scavoir est la tenue et tennement des Cloux Demont, size audit village de Biennavant, contenant trente-six boicellées, joignant du levant au chemin du port de Saintigny aux Cloux. du midy au chemin de Biennavant à Mont-la-Chappelle, du couchant la tenue de la Botte et du septantrion les taillis du sieur de Saintigny d'autre tenue. A cause et pour raison de laquelleditte tenue, lesdits dessusdits m'ont dit et déclarez devoir et accoustumer vous payer par chacun an, à cause de vostre prieuré, fief, terre et seigneurie de Biennavant, en la recepte dudit lieu, en chacun jour et feste de Saint-Michel, six boiceaux d'avoinne (mezure du Blancq), de rente noble, directe, feaudalle et foncière etc., etc., etc...

« Estant aussy tenu à leur connoissance etc., etc., etc...

« Fait et passé audit bourg de Poulligny, le troisième jour du mois d'Aoust 1726, et ont lesdittes partyes déclarez ne scavoir signer. Ainsy signé en la minutte des présentes : Pérussault et Clément, nottaires royaux. Controllé et sellé à Tournon, le huitième dudit mois audit an par Vidard. Reçu pour les droits douze sols. »

61. **Déclaration de la tenue des Plantis.** — « Par devant les nottaires
3 Aoust 1727 royaux de la sénéchaussée de Montmorillon etc., etc., etc... :
id. « Se sont comparus en leurs personnes, Charles Picard journallier, demeurant au village de Biennavant, parroisse de Poulligny, et Messire Pierre Pinault, escuyer, sieur du Pin, demeurant en la ville du Blancq, parroisse de Saint-Génitour, lesquels, tant pour eux que pour Monsieur de la Rivière, les hoirs Melleine Berthommier et les hoirs Antoyne Thuillier leurs parsonniers absens, ont cejourd'huy de leurs bon gré et vollonté reconnus et confessez, reconnoissent et advoüent par ces présentes tenir de vous, Messieurs les Suppérieurs et Directeurs du Séminaire des Missions Estrangères de Quebecq etc., etc., etc... :

« Scavoir est la tenue et tennement des Plantis, size prest le village de Biennavant, contenant trois boicellées neuf chesnées et demye, joignant du midy au chemin de Poulligny à Mont-la-Chapelle, du levant aux entrées de Biennavant audit lieu, du septantrion les vignes des hoirs Jacques et Melleine Picard et du couchant les vignes de Jean Morineau et autres. A cause et pour raison de laquelleditte tenue, lesdits dessusdits m'ont dit et déclarez devoir et accoustumer vous payer par chacun an, à cause de vostre prieuré, fief, terre et seigneurie de Biennavant, en la recepte dudit lieu, en chacun jour et feste de Saint-Michel : une poulle et deux sols six deniers en argent, de cens et rante noble, directe, feaudalle et foncière etc., etc., etc...

« Estant aussy tenu à leur connoissance etc., etc., etc...

« Fait et passé au bourg de Poulligny le troisième jour du mois d'Aoust 1727 et ont lesdittes partyes déclarez ne scavoir signer. Ainsy signé en la minutte des présentes : Pérussault et Clément, nottaires royaux. Controllé et sellé à Tournon le huitième d'Aoust audit an par Vidard. Reçu pour les droits douze sols. »

62. **Déclaration de la tenue des Petittes Coutures.** — « Par devant les
4 Aoust 1727 nottaires royaux de la sénéchaussée de Montmorillon etc., etc., etc... :
id. « Se sont comparus en leurs personnes, Melleine Ricquemacque laboureur, Jean Thuillier, René Gaillard, Charlotte Delaleuf, Jullien Testé, Charles Picard de la tenue Jean Crouzat, demeurans tous au village de Biennavant, parroisse de Poulligny, lesquels, tant pour eux que pour Jean Friquet, à cause de ses enfants, leurs parsonniers absens, ont cejourd'huy de leurs bon gré et vollonté reconnus et confessez, reconnoissent et advoüent par ces présentes tenir de vous, Messieurs les Suppérieurs et Directeurs du Séminaire des Missions Estrangères de Quebecq etc., etc., etc... :

« Scavoir est la tenue et tennement des Petittes Coutures, size prest le village de Biennavant, contenant dix boicellées de terre en vigne, joignant du midy le sieur de la Puiserie, du levant les Groux, appartenant audit sieur de la Puiserie, du septantrion au santier des Groux à Biennavant et du couchant la tenue des Gagetteries. A cause et pour raison de laquelleditte tenue, lesdits dessusdits m'ont dit et déclarez devoir et accoustumer vous payer par chacun an, à cause de vostre prieuré, fief, terre et seigneurie de Biennavant, à la recepte dudit lieu, en chacun jour et feste de Saint-Michel : deux chappons et six sols en argent, de cens et rante noble, directe, feaudalle et foncière etc., etc., etc...

« Estant aussy tenu à leur connoissance etc., etc.. etc...

« Fait et passé au bourg de Poulligny, le quatrième d'Aoust 1727, et ont lesdittes partyes déclarez ne scavoir signer. Ainsy signé en la minutte des présentes : Pérussault et Clément, nottaires royaux. Controllé et sellé à Tournon par Vidard, le huitième d'Aoust audit an. Reçu pour les frais douze sols. »

63. **Déclaration de la tenue du Pré des Bellins.** — « Par devant les
3 Nov. 1727 nottaires royaux de la Sénéchaussée de Montmorillon etc., etc., etc... :
id. « Se sont comparus en leurs personnes, Melleine Ricquemacque et

André Pailler laboureurs, demeurans au village de Biennavant, parroisse de Poulligny, tant pour eux que pour les hoirs Estienne Benoist, lesquels ont cejourd'huy déclarez bon gré et vollonté reconnus et confessez, reconnoissent et advoüent tenir par ces présentes de vous, Messieurs les Suppérieurs et Directeurs du Séminaire des Missions Estrangères de Quebecq etc., etc., etc... :

« Scavoir est un pré, siz au port de Migeaux, appellé le Pré des Bellins, au levant du Pré des Mériot, contenant deux boicellées ou environ, joignant du levant et midy le pré dudit prieuré de Biennavant, du septantrion au chemin de Puypellerin au port de Migeaux et du couchant au port de Migeaux. A cause et pour raison duquel dit pré, lesdits dessusdits m'ont dit et déclarez devoir et accoustumer vous payer par chacun an, à cause de vostre prieuré, fief, terre et seigneurie de Biennavant, à la recepte dudit lieu, en chacun jour et feste de Saint-Michel : deux boiceaux de froment (mezure du Blancq), deux sols en argent, de rante noble, directe, feaudalle et foncière etc., etc., etc...

« Estant aussy tenu à leur connoissance etc., etc., etc...

« Fait et passé au bourg de Poulligny, le troisième jour de Novembre 1727, et ont lesdittes partyes déclarez ne scavoir signer. Ainsy signé en la minutte des présentes : Pérussault et Clément, nottaires royaux. Controllé et sellé à Tournon par Vidard, le vingtquatrième dudit mois audit an. Reçu pour les frais douze sols, »

64. **10 Nov. 1727** id. **Déclaration de la mesterie de Monsieur de Bonnefonds.** — « Par devant les nottaires royaux de la sénéchaussée de Montmorillon etc., etc., etc... :

« S'est comparu en sa personne, Messire Pierre Pinault escuyer, sieur de Bonnefonds, demeurant en la ville du Blancq, parroisse de Saint-Génitour, lequel a cejourd'huy de son bon gré et vollonté reconnus et confessez, reconnoit et advoüe par ces présentes tenir de vous, Messieurs les Suppérieurs et Directeurs du Séminaire des Missions Estrangères de Quebecq etc., etc., etc....., à cause de vostre dit prieuré, fief, terre et seigneurie de Biennavant, maistre Jean Grignon, demeurant à Fontmoron, parroisse de Liglet, fondé de procuration des mesdits sieurs les Suppérieurs et Directeurs du Séminaire des Missions Estrangères de Quebecq en Canada, cy présent et acceptant pour eux :

« Scavoir est une mesterie, size au village de Biennavant, consistant en maisons, granges, estables, courtillages, jardins, chennevières, contenant cinq boicellées ou environ, joignant du midy et couchant Guillaume Cardinault et ses parsonniers, du septantrion au chemin dudit lieu de Biennavant à Poulligny ; plus une boicellée et demye de pré ou environ, joignant le pré de la demoizelle Peyronnet, d'autre la rivière de Creuze et d'autre Guillaume Cardinault ; plus six boicellées et demye de terre ou environ, joignant la tenue Louis Groux, d'autre Jean Dray, d'autre la terre de Melleine Lefesvre et d'autre Jean Morineau ; plus quarante-deux boicellées ou environ, tant en terre labourable, vigne, bois, taillis et rocage, le tout renfermé ensemble, joignant le chemin de Biennavant à Poulligny à main gauche et celuy dudit Biennavant à Puypellerin à main droitte, d'autre les taillis de Guillaume et Jean Cardinault, d'autre les taillis du seigneur de Rochefort et d'autre la vigne desdits Jean et Guillaume Cardinault ; plus soixante boicellées de terre ou environ, sizes au champt de la Vallée au Prou et au champt du Poirier, tant en terre, bois, taillis que rocage, le tout se tenant, joignant le chemin de Biennavant à Poulligny à main gauche, d'autre au chemin de Biennavant au Reclus à main droitte, d'autre les taillis du Breuil et en touttes autres partyes Guillaume et Jean Cardinault ; plus audit lieu : une boicellée de terre ou environ, joignant Jacques Mardellet et au chemin de Biennavant au Reclus à main droitte ; plus quatorze boicellées de terre en champt et taillis, appellée le Buisson à la Millonne, joignant d'une part Guillaume Cardinault, maistre Mathieu Augier et le chemin de Biennavant à Poulligny à main droitte ; plus audit lieu : neuf boicellées de terre ou environ, joignant Jean Gobert, d'autre Guy Guion et d'autre Guillaume Cardinault ; plus audit lieu : six boicellées de terre ou environ, en champt et pacage, joignant d'une part Laurent Guion, d'autre François Veillard, d'autre part Guillaume Cardinault et d'autre au chemin de Biennavant à Poulligny à main droitte ; plus vingt boicellées ou environ, appellées vulguèrement le champt de Derrière et vigne de la Garenne, en bois, taillis et vigne, joignant les deux chemins de Biennavant à Poulligny, l'un à main droitte, l'autre à main gauche, d'autre Guillaume Cardinault et d'autre Laurent Guion ; plus deux boicellées de vigne, joignant le jardin et vigne de la demoizelle Peyronnet, d'autre maistre Louis Moreau et d'autre la vigne dudit prieuré de Biennavant ; plus aux Couttures : trois boicellées de vigne ou environ, joignant Jean Cardinault, d'autre au chemin de Biennanavant à Poulligny à main gauche, d'autre Monsieur Pasquier et d'autre Monsieur de la Puiserie ; plus audit lieu : une boicellée de vigne ou environ, joignant celle de Jean Gobert, d'autre Monsieur de la Puiserie et d'autre Monsieur Pasquier ; plus quatre boicellées de vigne appellées la Plante, joignant le chemin de Biennavant au Blancq à main droitte, d'autre la terre des hoirs Jean Crouzat et d'autre la vigne de Jean Guion et Magdeleine Bouttin ; plus aux Grandes Vignes : six boicellées ou environ, joignant le chemin de Biennavant au Blancq à main gauche, d'autre les vignes dudit sieur de la Puiserie, d'autre celles du sieur de la Rivière et Martin Bouttin ; plus audit lieu : deux boicellées de vigne, joignant les vignes dudit sieur de la Puiserie, d'autre laditte Bouttin, d'autre François Bouttin et d'autre François Aubier ; plus audit lieu : une vigne joignant celle du sieur de Lagoutte, d'autre celle de Madame de Lagoutte et d'autre Jean Picard ; plus audit lieu : un quart de boicellée ou environ, joignant celle de Jean Cardinault, d'autre Jean Dray et d'autre Madame de Lagoutte; plus demye boicellée de terre, joignant le chemin de Biennavant à Mont-la-Chapelle à main gauche, d'autre audit Dray et d'autre Jean Morineau ; plus au Pré Rousseau autrement les Varennes de Poulligny : six boicellées ou environ, joignant celle d'Estienne de la Roche, d'autre celle du sieur du Charrault et d'autre la terre des hoirs Claude Guydault ; plus aux Touches : demye boicellée de terre ou environ, joignant la terre de Pierre Guion, d'autre Jean Dray et d'autre Daniel Deciron ; plus audit lieu : demye boicellée de terre ou environ, joignant André Pailler, d'autre François Berthommier ; plus audit lieu : une boicellée de terre ou environ, joignant Monsieur de la Rivière, Melleine Ricquemacque et André Pailler ; plus audit lieu : demye boicellée, joignant Morice Tourraine et d'autre Charles Picard ; plus audit lieu : une boicellée joignant le santier quy va de Poulligny à Saintigny et d'autre Melleine Ricquemacque ; plus audit lieu : demye boicellée joignant Morice Tourraine, d'autre Léger Desiray et d'autre le chemin de Biennavant à Lardrie à main gauche ; plus audit lieu : quatre boicellées, joignant Monsieur de la Rivière, d'autre Pierre Guion et d'autre audit chemin ; plus audit lieu : une boicellée joignant Melleine Ricquemacque, d'autre Charles Picard et d'autre le sieur de la Rivière et d'autre au chemin de Biennavant à Poulligny ; plus audit lieu : une boicellée joignant Jean Dray, d'autre le sieur de la Rivière et d'autre la tenue Jean Crouzat ; plus aux Vallées : demye boicellée joignant Jean Dray, d'autre Jean Cardinault et d'autre François Gautron ; plus une chesnée de terre et renfermée, joignant François Prestrault, d'autre Morice Tourraine, d'autre le sieur de la Rivière et d'autre Jean Dray. A cause et pour raison desdits lieux, ledit dessus-dit m'a dit et déclaré devoir et accoustumer vous payer par chacun an, à cause de vostre dit prieuré, fief, terre et seigneurie de Biennavant, à la recepte dudit lieu, en chacun jour et feste de Saint-Michel : une poulle et six livres cinq sols en argent, de rante noble, directe, feaudalle et foncière etc., etc., etc....

« Estant aussy tenu à sa connoissance et en outre estre ledit sieur de Bonnefonds, habitant dudit village de Biennavant, tenant feu et lieu, de moudre son blez aux moullins bannaux despendans dudit prieuré de Biennavant et ledit sieur Grignon reconnu avoir reçu tous les arrérages de ladite rante, jusqu'au jour de Saint-Michel dernier, dont il en tient quitte le sieur de Bonnefonds.

« Fait et passé au village de Biennavant le dixième jour de Novembre 1727 et ont lesdittes partyes signé en la minutte des présentes : De Bonnefonds et Grignon ; Pérussault et Clément, nottaires royaux. Controllé et sellé à Tournon par Vidard, le vingtquatrième de Novembre audit an. Reçu vingt-quatre sols pour les frais. Reçu de Monsieur Grignon pour la présente déclaration, minutte copiée, cent dix sols. »

65. **Déclaration de la tenue des Vallées.** — « Par devant les nottaires royaux de la sénéchaussée de Montmorillon etc., etc., etc., etc... :

13 Nov. 1727

id.

« Se sont comparus en leurs personnes, Melleine Ricquemacque, André Pailler laboureur, Jean Cardinault, Gilbert Gaillard, Daniel Gautron, Léger Désiray, Morice Tourraine, Jean Picard, Louis Guionnet, Pierre Gaillard, Jean Dray, René Gaillard, tous journalliers, demeurans au village de Biennavant, Melleine et Jean Lherpinière, demeurans au village de Veillon, le tout parroisse de Poulligny, lesquels, tant pour eux que pour Monsieur de la Rivière, Charles Compaignon, Messire Pierre Pinault, escuyer, sieur de Bonnefonds, maistre Joseph Bonnamy sieur de la Puiserie et la tenue maistre Louis Legroût sieur de la Coudraye, leurs parsonniers absens, ont cejourd'huy de leurs bon gré et vollonté reconnus et confessez, reconnoissent et advoüent par ces présentes, tenir de vous, Messieurs les Suppérieurs et Directeurs du Séminaire des Missions Estrangères de Quebecq etc., etc., etc... :

« Scavoir est une tenue appelée les Vallées, size prest le village de Biennavant, estant en deux pièces ; la première contenant quatre-vingts boissellées de terre ou environ, en bouïge et rocage, joignant du levant la vigne du sieur de la Puiserie et la terre du sieur de la Rivière, du midy la nouvelle prise dudit sieur de la Puiserie et la vigne du Seigneur, que jouissent à présent les Gautrons, du couchant la tenue des Renards et les terriers de Beau Soleil ; la segonde pièce size à la Temblaye, contenant quatre boissellées ou environ, joignant du levant, midy et septantrion ledit sieur de la Rivière, et du couchant la vigne de la Tremblaye. A cause et pour raison de laquelleditte tenue, lesdits dessusdits m'ont dit et déclarez devoir et accoustumer vous payer par chacun an, à la recepte dudit lieu, en chacun jour et feste de Saint-Michel : huit boisseaux d'avoinne (mezure du Blancq), une poulle et deux sols six deniers en argent, le tout de cens et rante noble, directe, feaudalle et foncière etc., etc., etc...

« Estant aussy tenu à leur connoissance et en outre estre lesdits habittans dudit village de Biennavant tenant feu et lieu, de moudre leurs blez aux moullins bannaux despendans dudit prieuré.

« Fait et passé au bourg de Poulligny, le treizième jour du mois de Novembre 1727, et ont lesdittes partyes déclarez ne scavoir signer. Ainsy signé en la minutte des présentes par Pérussault et Clément, nottaires royaux. Controllé et sellé à Tournon par Vidard, le vingt-quatrième dudit mois audit an. Reçu douze sols pour les droits. »

66. **Déclaration de la tenue des Gagettries.** — « Par devant les nottai-
13 Nov. 1727 res royaux de la sénéchaussée de Montmorillon etc., etc., etc... :
id. « Se sont comparus en leurs personnes, Léger Desiray, Jean Picard, Nicollas Aubier, Pierre Gaillard, Charles Lefesvre, Gilbert Gaillard, Daniel Aubier, Louis Ledué, Michel Carré, Jean Feschaud, André Pailler, Daniel Gautron, Melleine Ricquemacque, Jeanne Ricquemacque veuve Pierre Pailler, Louis Guionnet, Guillaume Cailler, Louis Jollivet à cause de sa femme, Jean Aubier, Antoine Thuillier, Marie Aubier tenue Melleine Pailler, Jean Dray, Jean Crouzat, Jean Cardinault, Silvain Caillaud, Marie Tourrainne et René Thuillier, tous laboureurs et journalliers, demeurans parroisse de Poulligny, lesquels, tant pour eux que pour Monsieur de la Rivière, maistre Joseph Bonnamy, sieur de la Puiserie, Claude Berthommier, Jean Cherrier, Charles de la Combe, les hoirs maistre Louis Grout, Melleine Friquet, les hoirs François Mercier, maistre Jean Dubreuil et Jean Friquet, leurs parsonniers absens, ont cejourd'huy de leurs bon gré et vollonté reconnus et confessez, reconnoissent et advoüent par ces présentes tenir de vous, Messieurs les Suppérieurs et Directeurs du Séminaire des Missions Estrangères de Quebecq etc., etc., etc....., à cause de vostre dit prieuré, fief, terre et seigneurie de Biennavant :

« Scavoir est une tenue appellée les Gagettries, size au village de Biennavant et ès environs, contenant trente-deux boissellées douze chesnées, consistant en maisons, grange, mazure, cours, jardins, vignes, le tout se tenant, joignant du levant le chemin de Biennavant à Péziers, la vigne de maistre Joseph Bonnamy sieur de la Puiserie, celle de Louis Pailler, le jardin de Gilbert Gaillard, la vigne et aisances de Louis Guionnet, le tout de la tenue de la Berrellerie, du midy au chemin de Biennavant à Maubecq, lesdittes vignes desdits Guionnet, celle dudit sieur de la Puiserie et Louis Pailler de laditte tenue de la Berrellerie, du couchant les bastimens, aisances et jardins de Léger Desiray et Jean Cardinault d'autre tenue et le chemin de Biennavant à Poulligny et la tenue de la Perraguinerie, et du septantrion la vigne dudit sieur Bonnamy d'autre tenue, et suivant tout le long des deux terres de la tenue des Petittes Couttures et celle de la Perraguinerie, le tout despendant du prieuré de Biennavant. A cause et pour raison de laquelleditte tenue les dessusdits m'ont dit et déclarez devoir et accoustumer vous payer par chacun an, en la recepte dudit lieu, en chacun jour et feste de Saint-Michel : une poulle et six sols dix deniers de cens et rante noble, directe, feaudalle et foncière etc., etc., etc...

« Estant aussy tenus lesdits habittans dudit village de Biennavant, tenant feu et lieu, de moudre leurs blez aux moullins bannaux despendans dudit prieuré.

« Fait et passé au bourg de Poulligny, le treizième jour du mois de Novembre 1727, et ont lesdittes partyes déclarez ne scavoir signer. Ainsy signé en la minutte des présentes : Ricquemacque, Pérussault et Clément, nottaires royaux. Controllé et sellé à Tournon, le vingt-quatrième dudit mois audit an, par Vidard. Reçu douze sols. »

67. **13 Nov. 1727** id. **Déclaration de la tenue des Blanchards autremant dit la Combe aux Pellerins, prest le village de Biennavant.** — « Par devant les nottaires royaux de la sénéchaussée de Montmorillon etc., etc., etc... :

« Se sont comparus en leurs personnes, Jean Thuillier, Laurent Guion, Michel Carré, René Cherrioux, Daniel Gautron, Jean Morineau, François Bouttin, Pierre Guion, Jacques Guion, Marie Tourraine, Jean Bouttin, Estienne Cardinault à cause de Catherine Bouttin sa femme, Louis Blanchard, Jean Feschault, André Pailler, Marie Aubier, Jean Aubier, Louis Pailler, Guillaume Cailler, tous journalliers et vignerons, demeurans au village de Biennavant et Mont-la-Chapelle, parroisse de Poulligny et Louis Jollivet à cause de sa femme, demeurant au bourg de Poulligny, lesquels, tant pour eux que pour les hoirs Louis Compaignon, dame Marie Mesnigault, le sieur Bachadon, Jean

Dubreuil, les hoirs Louis Grout, François Pailler à cause de sa femme et Pierre Caillaud, ont cejourd'huy déclarez de leurs bon gré et vollonté reconnus et confessez, reconnoissent et advoüent tenir de vous, Messieurs les Suppérieurs et Directeurs du Séminaire des Missions Estrangères de Quebecq etc., etc., etc... :

« Scavoir est une tenue appellée des Blanchards, autremant la Combe aux Pellerins, size aux environs du village de Biennavant, estant en trois pièces : la première size à l'Essart, contenant trente boissellées ou environ, joignant du levant le chemin de Mont-la-Chapelle, du septantrion la terre du sieur de Saintigny et du couchant les hérittiers Jean et Pierre Morineau ; la segonde size aux Groux, en vignes, joignant du levant les terres du sieur de la Rivière, celle de Léger Desiray et au lieu du midy les communaux de Biennavant, du septantrion les Chauffages de Biennavant et du couchant lesdits Chauffages, contenant vingt boissellées ou environ ; la troiziesme size aux Charbonnières, contenant six boissellées ou environ, joignant du levant au chemin de Biennavant à Veillon, du midy les Rocages de Biennavant, du septantrion auxdits Rocages et du couchant au chemin de Biennavant à Poulligny. A cause et pour raison de laquelleditte tenue, lesdits dessusdits m'ont dit et déclarez devoir et accoustumer vous payer par chacun an, à la recepte dudit lieu, en chacun jour et feste de Saint-Michel : dix-huit boisseaux d'avoinne (mezure du Blancq), deux poulles et un sol de cens et rante noble, directe, feaudalle et foncière etc., etc., etc...

« Estant aussy tenus lesdits habittans dudit village de Biennavant tenant feu et lieu, de moudre leurs blez aux moullins bannaux despendans dudit prieuré.

« Fait et passé au bourg de Poulligny, le treizième jour de Novembre audit an, et ont lesdittes partyes déclarez ne scavoir signer. Ainsy signé en la minutte des présentes : Pérussault et Clément, nottaires royaux. Controllé et sellé à Tournon par Vidard, le vingtquatrième dudit mois audit an. Reçu douze sols pour les frais. »

68.
17 Janv. 1728
id.

Déclaration de la tenue de la Grange. — « Par devant les nottaires royaux de la sénéchaussée de Montmorillon etc., etc., etc... :

« Se sont comparus en leurs personnes, Jean Cardinault, Jean Dray, Melleine Ricquemacque, André Pailler, Léger Desiray, René Bertrand, Jean Picard, demeurans tous au village de Biennavant, parroisse de Poulligny, François Prestrault, demeurant au village d'Asnières, parroisse de Sauzelles, lesquels, tant pour eux que pour

Monsieur de Chambon, les hoirs Estienne Pailler et Jean Chauvin, leurs parsonniers absens, ont cejourd'huy déclarez de leurs bon gré et vollonté reconnus et confessez, reconnoissent et advoüent par ces présentes tenir de vous, Messieurs les Suppérieurs et Directeurs du Séminaire des Missions Estrangères de Quebecq etc., etc., etc... :

« Scavoir est la tenue et tennement de la Grange, size audit village de Biennavant, consistant en bastimens, courtillage, jardin et chennevière, contenant en tout deux boissellées ou environ, joignant du midy au chemin de Biennavant à Poulligny, du levant et septantrion Léger Desiray de la tenue des Gagettries et Jean Chérioux, et du couchant les bastimens de Jean Dray. A cause et pour raison de laquelleditte tenue, lesdits dessusdits m'ont dit et déclarez devoir et accoutumer vous payer par chacun an, à la recepte dudit lieu, en chacun jour et feste de Saint-Michel : une poulle et cinq sols en argent, de cens et rante noble, directe, feaudalle et foncière etc., etc., etc...

« Estant aussy tenu à leur connoissance etc., etc., etc...

« Fait et passé au bourg de Poulligny, le dixseptième de Janvier 1728, et ont lesdittes partyes déclarez ne scavoir signer. Ainsy signé en la minutte des présentes : Pérussault et Clément, nottaires royaux. Controllé et sellé à Tournon, le vingtième dudit mois audit an, par Vidard. Reçu douze sols pour les frais. »

69.
18 Janv. 1728
id.

Déclaration de la tenue du Petit Breuil. — « Par devant les nottaires royaux de la sénéchaussée de Montmorillon etc., etc., etc... :

« Se sont comparus en leurs personnes, Pierre Destreilles, Guillaume Parpirolle, tant pour lui que pour ses parsonniers Louis Ledué le jeune, maistre Guillaume Clement, Charles Guinot, Silvain Guinot, Leger Hervier, Melleine Bernard, François Blondeau, Daniel Maillet, Louis Guionnet, Guy Aubier, demeurans tous au bourg de Poulligny, Pierre Pillorget, François Bourgeaux, René Ricquemacque, André Pailler, Jean Picard, Jean Dray, Jacques Mardellet, Marte Benoist et tenue de Joseph Chartier, Jacques Jollivet, Pierre Cadon, Jean Pascaud, Claude Defressine, Jean Gobert, Louis Blanchard, Jean Bouttin, Louis Jollivet, Jean Baudeau, Gabriel Pillorget à cause de sa femme Martine de Fressine, demeurans tous parroisse de Poulligny et Jean-Jacques Joyaux, demeurant en la ville du Blancq, parroisse de Saint-Civran, lesquels, tant pour eux que pour les hérittiers Charles Jouesnin, Gilbert Ledué, les hérittiers Debernet, les hérittiers François Benoist, Charles Frasgnon, Monsieur de Chambon, les hoirs Estienne Delannou, Madame de Lagoutte, François Maronneau, Louis

Venault à cause de sa femme, les hoirs François Dorin et Monsieur Augier, leurs autres parsonniers absens, ont cejourd'huy déclarez bon gré et vollonté reconnus et confessez, reconnoissent et advoüent par ces présentes tenir de vous, à cause de vostre prieuré, fief, terre et seigneurie de Biennavant :

« Scavoir est la tenue et tennement du Petit Breuil, size prest les Petittes Varennes, contenant trois cents boissellées ou environ, sizes aux Essarts, les Varennes et Petit Breuil, joignant du levant le chemin de Poulligny au Blancq et le bois Provost, du midy aux bruères de Gaillard, du couchant au chemin de Poulligny à Migeaux, du septantrion aux vallées des Ricquemacques, d'autre les terriers de Biennavant, d'autre la tenue des Combes et d'autre la tenue du Grand Breuil aussy du couchant. A cause et pour raison de laquelleditte tenue lesdits dessusdits m'ont dit et déclarez devoir et accoustumer vous payer par chacun an, à cause de vostre dit prieuré, fief, terre et seigneurie de Biennavant, à la recepte dudit lieu, en chacun jour et feste de Saint-Michel : deux poulles et septe sols en argent et rante noble, directe, feaudalle et foncière etc., etc., etc...

« Estant aussy tenu à leur connoissance etc., etc., etc...

« Fait et passé au bourg de Poulligny, le dixhuitième de Janvier 1728, et ont lesdittes partyes déclarez ne scavoir signer. Ainsy signé en la minutte des présentes : Pérussault et Clément, nottaires royaux. Controllé et sellé à Tournon, le vingt-unième dudit mois audit an par Vidard. Reçu douze sols pour les frais. »

70. **Déclaration de la tenue des Bouttins.** — « Par devant les nottaires
19 Janv. 1728 royaux de la sénéchaussée de Montmorillon etc., etc., etc... :
id. « Se sont comparus en leurs personnes, Jean Jabien, Guillaume Pailler à cause de sa femme, demeurans à Mont-la-Chapelle, André et Louis Pailler, Melleine Aubier, demeurans audit village, Jean Destreille, Jean Feschaud, Jean Morineau, demeurans au village de Biennavant, le tout parroisse de Poulligny et Thomas Gonneau, demeurant parroisse de Martizay, lesquels, tant pour eux que pour les biens tenant de Jean de Mauvise, ont cejourd'huy de leurs bon gré et vollonté reconnus et confessez, reconnoissent et advoüent par ces présentes tenir de vous, Messieurs les Suppérieurs et Directeurs du Séminaire des Missions Estrangères de Quebecq etc., etc., etc... :

« Scavoir est la tenue et tennement des Bouttins, size à l'Essart, contenant sept boissellées ou environ, joignant du levant le chemin de Biennavant à Mont-la-Chapelle à main droitte, du midy la tenue de la Combe aux Pellerins, du septantrion le sieur Peyronnet et du couchant les hoirs René Dubreuil et ses parsonniers. A cause et pour raison de laquelleditte tenue, les dits dessusdits m'ont dit et déclarez devoir et accoustumer vous payer par chacun an, à la recepte dudit lieu, en chacun jour et feste de Saint-Michel : une poulle et cinq sols en argent de cens et rante noble, directe, feaudalle et foncière etc., etc., etc...

« Estant aussy tenu à leur connoissance etc., etc., etc...

« Fait et passé au bourg de Poulligny, le dixneuvième de Janvier 1728, et ont lesdits dessusdits déclarez ne scavoir signer. Ainsy signé en la minutte des présentes : Pérussault et Clément, nottaires royaux. Controllé et sellé à Tournon, le vingt-et-unième dudit mois audit an par Vidard. Reçu douze sols pour les frais. »

71. **20 Janv. 1728** id.

Déclaration de la tenue de la Michelottière. — « Par devant les nottaires royaux de la sénéchaussée de Montmorillon etc., etc., etc... :

« Se sont comparus en leurs personnes, René Cherrioux et ses frères, Louis Blanchard, Jean Jugand, Jean Morineau, Daniel Gautron, demeurans tous parroisse de Poulligny et F. Thomas Gonneau, demeurant parroisse de Saint-Estienne de Martizay, lesquels, tant pour eux que pour les hoirs Antoyne Thuillier et les hoirs René Dubreuil, leurs parsonniers absens, ont cejourd'huy de leurs bon gré et vollonté reconnus et confessez, reconnoissent et advoüent par ces présentes tenir de vous, Messieurs les Suppérieurs et Directeurs du Séminaire des Missions Estrangères de Quebecq etc., etc., etc... :

« Scavoir est la tenue et tennement de la Michelottière, contenant cinq boissellées huit chesnées, consistant toute en bastimens, courtillage et jardin, joignant du levant le chemin qui vient de chez les Blanchards à la Bruère, du midy le pastural de la Huillerie de Biennavant, du cöuchant au chemin du prieuré au moullin, et du septantrion au chemin du Blancq à Fontgombaud. A cause et pour raison de laquelleditte tenue, lesdits dessusdits m'ont dit devoir et accoustumer vous payer par chacun an, en la recepte dudit lieu, en chacun jour et feste de Saint-Michel : une poulle et huit sols huit deniers en argent, de cens et rante noble, directe, feaudalle et foncière etc., etc...

« Estant aussy tenu à leur connoissance etc., etc., etc...

« Fait et passé au bourg de Poulligny, le vingtième de Janvier 1728, et ont lesdittes partyes déclarez ne scavoir signer. Ainsy signé en la minutte des présentes : Pérussault et Clément nottaires royaux. Controllé et sellé à Tournon, le vingtième dudit mois audit an par Vidard. Reçu pour les frais douze sols. »

72.
4 Febvrier 1728
id.

Déclaration de la tenue du Plantis. — « Par devant les nottaires royaux de la sénéchaussée de Montmorillon etc., etc., etc... :

« Se sont comparus en leurs personnes, Charles Picard, Claude Berthommier, Jean Cardinault, Jean Dray, Gilbert Gaillard, demeurans tous parroisse de Poulligny, lesquels, tant pour eux que pour Monsieur de la Rivière, Monsieur de Bonnefonds et les hoirs Antoyne Thuillier, leurs autres parsonniers absens, ont cejourd'huy déclarez bon gré et vollonté reconnus et confessez, reconnoissent et advoüent par ces présentes tenir de vous, Messieurs les Suppérieurs et Directeurs du Séminaire des Missions Estrangères de Quebecq etc., etc., etc....., auquel est uny le prieuré, fief, terre et seigneurie de Biennavant :

« Scavoir est la tenue et tennement du Plantis, contenant trois boissellées ou environ, estant en vignes, size prest le village de Biennavant, joignant du levant Léger Desiray, du midy Monsieur de Bonnefonds, du septantrion François Aubier et du couchant Monsieur de Lagoutte. A cause et pour raison de laquelleditte tenue, lesdits dessusdits m'ont dit et déclarez devoir vous accoustumer payer chacun an, à la recepte dudit lieu, en chacun jour et feste de Saint-Michel : une poulle et deux sols en argent, de cens et rante noble, directe, feaudalle et foncière etc., etc., etc...

« Estant aussy tenus les habittans etc,, etc., etc...

« Fait et passé au bourg de Poulligny, le quatrième de Febvrier 1728, et ont lesdittes partyes déclarez ne scavoir signer. Ainsy signé en la minutte des présentes : Pérussault et Clément, nottaires royaux. Controllé et sellé à Tournon, le neuvième dudit mois audit an par Vidard. Reçu pour les frais douze sols. »

73.
5 Febvrier 1728
id.

Déclaration de la tenue des Grandes Vignes. — « Par devant les nottaires royaux de la sénéchaussée de Montmorillon etc., etc., etc... :

« Se sont comparus en leurs personnes, Jean Morineau, Louis Jullien à cause de sa femme, Melleine Lefesvre, Christophe Pailler, René Desiray, Jean Crouzat, François Aubier, Claude Berthommier, Jacques Guion, Pierre Gaillard, Daniel Aubier, Louis Dionnet, Jacques Fleury, Pierre Guion, Nicollas Aubier et Jean Feschaud, demeurans tous parroisse de Poulligny, lesquels, tant pour eux que pour Monsieur de Massougne, René Dupuy, Charles Lefesvre, les hoirs Estienne Benoist et Thomas Gonneau, leurs autres parsonniers absens, ont cejourd'huy de leurs bon gré et vollonté reconnus et confessez, reconnoissent et advoüent par ces présentes tenir de vous,

Messieurs les Suppérieurs et Directeurs du Séminaire des Missions Estrangères de Quebecq en Canada en la Nouvelle France, auquel est uny le prieuré, fief, terre et seigneurie de Biennavant :

« Scavoir est la tenue et tennement des Grandes Vignes, size au village de Biennavant, contenant trente boissellées ou environ, joignant du levant la tenue des Guionnettes, du midy Madame la Présidente et Monsieur de la Rivière, du septantrion la tenue des Augiers et du couchant la tenue de la Baraudrie et le sieur de la Rivière et Pierre Bernard. A cause et pour raison de laquelleditte tenue, lesdits dessusdits m'ont dit et déclarez devoir et accoustumer vous payer chacun an, à la recepte dudit lieu, en chacun jour et feste de Saint-Michel : trente boisseaux d'avoinne (mezure du Blancq), une poulle et un sol en argent, de cens et rante noble, directe et feaudalle et foncière etc., etc„ etc...

« Estant aussy tenus les habittans etc., etc., etc...

« Fait et passé au bourg de Poulligny, le cinquième de Febvrier 1728, et ont lesdittes partyes déclarez ne scavoir signer. Ainsy signé en la minutte des présentes : Pérussault et Clément, nottaires royaux. Controllé et sellé à Tournon, le neuvième dudit mois audit an par Vidard. Reçu pour les frais douze sols. »

74.
7 Febvrier 1728
id.

Déclaration de la tenue des Petits Bellins. — « Par devant les nottaires royaux de la sénéchaussée de Montmorillon etc., etc., etc. :

« Se sont comparus en leurs personnes, Charles Guiard, Jean Crouzat, tant pour lui que pour ses frères, Pierre Guérin, Jacques Guion et ses frères, François Guionnet, François Bouttin, Perrinne Bouttin, Pierre Bernard, François Aubier, Jean Morineau, demeurans tous au village de Biennavant, parroisse de Poulligny, Charles Compaignon et Gabriel Bourdier, demeurant parroisse de Sauzelles, lesquels, tant pour eux que pour les hoirs, François Bouttin, François Maronneau et Jeanne Crouzat, leurs autres parsonniers absens, ont cejourd'huy de leurs bon gré et vollonté reconnus et confessez, reconnoissent et advoüent tenir de vous, Messieurs les Suppérieurs et Directeurs du Séminaire des Missions Estrangères de Quebecq en Canada, auquel est uny le prieuré, fief, terre et seigneurie de Biennavant :

« Scavoir est la tenue et tennement des Petits Bellins, size au village de Biennavant, consistant en bastimens, courtillages, jardins et chennevières, contenant six boissellées six chesnées et demye, joignant du levant le chemin des Alleufs, du midy le chemin du

Blancq à Fontgombaud, du couchant la grange, courtillage et chenneviêre de Jean Gabat, d'autre la grange, courtillage et chenneviêre de la tenue feu maistre Joseph Peyronnet, et l'autre portion de renfermée du sieur de la Rivière, le tout d'autre tenue, et du septantrion les chemins de la tenue des Mouttaudières et le saint foins de maistre Joseph Bonnamy. A cause et pour raison de laquelleditte tenue lesdits dessusdits m'ont dit et déclarez devoir et accoustumer vous payer par chacun an, à la recepte dudit lieu, en chacun jour et feste de Saint-Michel : une poulle et cinq sols en argent, de cens et rante noble, directe, feaudalle et foncière etc., etc., etc...

« Estant aussy tenus les habittans etc., etc., etc...

« Fait et passé au village de Biennavant, le septième de Febvrier 1728, et ont lesdittes partyes déclarez ne scavoir signer. Ainsy signé en la minutte des présentes : Pérussault et Clément, nottaires royaux. Controllé et sellé à Tournon, le neuvième dudit mois audit an par Vidard. Reçu douze sols pour les frais. »

75. **Déclaration de la tenue du Champt des Picards.** — « Par devant
13 Febv. 1728 les nottaires royaux de la sénéchaussée de Montmorillon etc., etc., etc. :
id. « Se sont comparus en leurs personnes, Charles Picard, Pierre Bernard, Perrinne Bouttin, Silvain Caillaud, demeurans parroisse de Poulligny, François Maronneau, demeurant parroisse de Preuilly-la-Ville, Charles Compaignon, Charles Bourdier, Melleine Friquet, demeurans parroisse de Sauzelles, faisant tant pour eux que pour M. de la Rivière, les hoirs François Bouttin leurs parsonniers absens, ont cejourd'huy, de leurs bon gré et vollonté reconnus et confessez, reconnoissent et advoüent par ces présentes tenir de vous, Messieurs les Suppérieurs et Directeurs du Séminaire des Missions Estrangères de Quebecq en Canada, auquel est uny le prieuré, fief, terre et seigneurie de Biennavant :

« Scavoir et la tenue et tennement du Champt des Picards, contenant huit boissellées deux chesnées trois quarts, estant en terre, jardins, bastimens, courtillage, le tout se tenant ensemble au village de Biennavant, joignant du levant la terre et le pré de la tenue de maistre Jacques Peyronnet, du midy les prez du Prieuré, du couchant le chemin du village de Biennavant au moullin dudit lieu, et du septantrion le chemin du Blancq à Fontgombaud. A cause et pour raison de laquelleditte tenue, lesdits dessusdits m'ont dit et déclarez vous payer par chacun an, en la recepte dudit lieu, en chacun jour et feste de Saint-Michel : argent, trois sols quatre deniers de cens et rante noble, directe, feaudalle et foncière etc., etc., etc...

« Estant aussy tenus lesdits habittans etc., etc., etc...

« Fait et passé au bourg de Poulligny, le treizième jour de Febvrier 1728, et ont lesdittes partyes déclarez ne scavoir signer. Ainsy signé en la minutte des présentes : Pérussault et Clément, nottaires royaux. Controllé et sellé à Tournon, le neuvième dudit mois audit an par Vidard. Reçu pour les frais douze sols. »

76. **Déclaration de la tenue de la Grange de feu René Berthommier.** —
22 Mars 1728 « Par devant les nottaires royaux de la sénéchaussée de Montmorillon
id. etc., etc., etc... :

« Se sont comparus en leurs personnes, Jean Dray, René Bertrand, René Cherrioux, Morice Tourrainne à cause de sa femme, Jean Picard, Marie Chauvignon à cause de son douaire, André Pailler, Melleine Ricquemacque, Jean Cardinault et Léger Desiray, demeurans tous au village de Biennavant, lesquels, tant pour eux que pour les hoirs Estienne Benoist et M. de la Rivière leurs parsonniers absens, ont cejourd'huy déclarez bon gré et vollonté reconnus et confessez, reconnoissent et advoüent par ces présentes tenir de vous, Messieurs les Suppérieurs et Directeurs du Séminaire des Missions Estrangères de Quebecq en Canada, auquel est uny le prieuré, fief, terre et seigneurie de Biennavant :

« Scavoir et la tenue et tennement de la Grange de feu René Berthommier, size audit village de Biennavant, consistant en maison et grange, courtillage, jardin et chennevière, contenant une boissellée dix-huit chesnées et demyé, joignant du levant le jardin de Léger Desiray et celluy de Jean Cherrioux, du midy au chemin du village aux Groux à main gauche, du couchant les courtillages du sieur de la Rivière, et du septantrion la maison de Jean Dray et au chemin dudit village de Biennavant à main droitte. A cause de laquelleditte tenue, lesdits dessusdits m'ont dit et déclarez vous payer par chacun an, en la recepte dudit lieu, en chacun jour et feste de Saint-Michel : une poulle et cinq sols en argent, de cens et rante noble, directe, feaudalle et foncière etc., etc., etc...

« Estant aussy tenus lesdits habittans etc., etc., etc...

« Fait et passé au bourg de Poulligny, le vingtdeuxième de Mars 1728, et ont lesdittes partyes déclarez ne scavoir signer. Ainsy signé : Pérussault et Clément, nottaires royaux. Controllé et sellé à Tournon, le vingtdeuxième de Mars audit an par Vidard. Reçu pour les droits douze sols. »

77.
22 Mars 1728
id.

Déclaration de la tenue de la Perraguinerie. — « Par devant les nottaires royaux de la sénéchaussée de Montmorillon etc., etc., etc... :

« Se sont comparus en leurs personnes, Estienne de la Roche, Silvain Caillault et François Prestrault, tous vignerons, demeurans parroisse de Sauzelles, André Pailler, René Cherrioux, Léger Desiray, Jean Bouttin, aussy tous vignerons, Charlotte Rocher, veuve de René Desiray, demeurans tous au village de Biennavant, lesquels, tant pour eux que pour René Bertrand huissier, Charles Lefesvre, les hoirs Silvain Desiray et la veuve René Dubreuil, ont cejourd'huy de leurs bon gré et vollonté reconnus et confessez, reconnoissent et advoüent par ces présentes tenir de vous, Messieurs les Suppérieurs et Directeurs du Séminaire des Missions Estrangères de Quebecq en Canada, auquel est uny le prieuré, fief, terre et seigneurie de Biennavant :

« Scavoir est la tenue appellée la Perraguinerie, size proche le village de Biennavant, contenant huit boissellées ou environ, joignant du levant la tenue des Couttures despendant dudit Biennavant, du midy la tenue des Gagettries aussy en despendant, et du septantrion et couchant au chemin de Biennavant à Poulligny. A cause et pour raison de laquelleditte tenue, lesdits dessusdits m'ont dit et déclarez devoir et accoustumer vous payer par chacun an, à la recepte dudit lieu, en chacun jour et feste de Saint-Michel : deux chappons et six sols en argent, de cens et rante noble, directe, feaudalle et foncière etc., etc., etc...

« Estant aussy tenus les habittans etc., etc., etc...

« Fait et passé au bourg de Poulligny, le vingtdeuxième de Mars 1728, et ont lesdittes partyes déclarez ne scavoir signer. Ainsy signé en la minutte des présentes : Pérussault et Clément nottaires royaux. Controllé et sellé à Tournon par Vidart. Reçu pour les frais douze sols. »

77 *b*.
1780
Ét. de Bruchard au Blanc

Contrat de vente. — Pierre Fignoux, coutelier au Blanc, cède à Messieurs les Supérieurs, Directeurs et Procureurs du Séminaire des Missions Etrangères, titulaires du prieuré de Bénavant, soixante boissellées de terre (mesure du Blanc), lui appartenant, situées paroisse de Pouligny et appelées le Grand Breuil. Ces terres, mouvantes par moitié entre la seigneurie et marquisat du Blanc et le prieuré de Bénavant, étaient chargées envers lesdites seigneuries, de la rente noble, directe, féodale et foncière de douze boisseaux d'avoine, deux chapons et cinq sols d'argent par an : il est entendu que ledit Fignoux ne devra plus rien auxdites seigneuries.

78.
2 Apvril 1541
Arch. de l'Indre
Série E. 9

Acte de partage entre les héritiers Morelon. — « Sçachent tous que pardevant moy nottaire soubzscript ordonné au Blancq pour le Roy nostre Sire en droict, soubz le scel dudict seigneur, furent presens et personnellement establys : noble homme et saige, maistre Françoys Morelon, conseiller du Roy nostre Sire et procureur général dudict seigneur au Parlement et Duché de Normandie et seigneur de Montagut, Claude Morelon escuyer et Jehan Guéret et Françoyse Morelon, sa femme, disant lesdictes partyes, que depuys demi an en ça ou environ, feu noble et circonspecte personne, maistre Anthoyne Morelon, curé de Pouligné, frère dudict sieur procureur général et desdicts Claude et Françoyse Morelon, estoyt allé de vie à trespas, delaisse lesdessusdicts ses herittiers pour le regard des héritaiges qui compétoient et appartenoient audict deffunct et la succession de feu Esnard Morelon en son vyvant, escuyer, seigneur dudict lieu de Montagut, comme aussy pour la succession de feu Genitour Morelon, frère des susdicts sieurs procureur général Françoys, Claude et Françoyse Morelon, qui sont :

« Une grande maison assize en la ville du Blancq, chargée de cens et rantes et fond de pré et de vingt solz de rante envers le curé de Saint-Syrang dudict lieu du Blancq ; une petite maison size vis à vis la chapelle, appellée la Rochette aussy assize en ladicte ville du Blancq ; un champt et terre labourable auxquels il y a plusieurs, situez et assis soubz la Garenne dudict Blancq, estant au fief de Serez et tenus à cens et rante dudict sieur procureur général, seigneur dudict fief de Serez, plus un quart de la mestayrie de Biennavant, par la succession dudict feu Genitour, plus un autre quart en une chennevière assize près l'eglise Saint-Genitour dudict Blancq. Pour leur faire lesquels partaiges, les susdictes partyes amyablement vérifié ensemble lesdicts héritaiges ainsy comme s'ensuyt :

« C'est à scavoir : ladicte grande maison à la somme de six cents livres ; ladicte petite maison dicte la Rochette à la somme de deux cents livres ; ledict champt soubz la Garenne dudict Blancq à la somme de soixante livres ; ledict quart en ladicte chennevière du Blancq à la somme de vingt-cinq livres et ledict quart de ladicte mestayrie de Biennavant, compris les acquetz faicts par ledict feu Genitour Morelon, à la somme de soixante livres — toutes lesdictes montant à neuf cents quarante-cinq livres, quy est pour chacun la somme de trois cent quinze livres. Et pour ce que ladicte grande maison dudict Blancq ne se partaige commodément et qu'ycelle partye excederoyt tout le reste, a esté offert par ledict Claude Morelon récompense audict seigneur procureur général de susdicte part et portion de ladicte maison et droicts successifs :

« C'est à scavoir : une pièce de vigne assize au villaige des Rouches, parroisse dudict Pouligné, estant des acquetz dudict deffunct maistre Anthoyne Morelon ; aussy un pré appellé le Pré de la Tour, assis prest le villaige d'Aslon, pareillement acquis par le deffunct, et lesdicts acquetz et autres, faicts par ledict deffunt maistre Anthoyne Morelon ; ensemble tous ses meubles présens aux chambres comme avecque la terre, intention dudict deffunct maistre Anthoyne ; aussy un accord entre Claude Guérin et sa dicte femme, que ladicte maison ou demeure Collet demeureroit audict seigneur. Par ce promettant pour son droict successif de Genitour Morelon et pour, à l'esgard de sa dicte mère et de sa dicte femme, un accord pour les droicts successifs desdicts ayeux, la somme de trois cents livres payez audicts enfans : c'est à scavoir la somme de cent livres dedans le jour de Pentecoste prochainnemant venant et le reste, montant à la somme de deux cents livres, à Pasques et dedans le jour de Noël prochain, en un an et comptant. Et cy dessus sont lesdictes partyes demeurez d'accord en cette manière : C'est à scavoir : un endroit estant de sa part et demeurera pour luy et les siens ladicte grande maison dudict Blancq aux charges susdictes ; ledict champt de la Garenne du Blancq ; tant ladicte ysle et pré de Biennavant ; tant ladicte chennevière prest l'eglise Saint-Genitour, aux charges qu'ils doibvent à cause desdicts herittaiges, neuf boisseaux de fromant chargez, tant envers le seigneur du Blancq et le prieuré de Biennavant qu'envers le seigneur procureur général, estant de son dict fief de Serez et autres, à la charge que ledict Claude Morelon sera tenu doresnavant et perpétuellement payer par eux, nous et luy la somme de cent livres pour la fondation de la chappelle de Nostre-Dame de Pittié fondée en ladicte eglise de Saint-Genitour par feu Anthoyne Morelon en son vyvant escuyer seigneur de Fraigne et de la Roche Morlon et damoizelle Perrine Guérin sa femme et des acquisitions et des charges de feu ledict seigneur procureur général et ladicte Françoyse Morelon et audict seigneur prieur que demeurera pour luy et les siens dès maintenant ladicte petite maison de la Rochette, ledict Pré de la Tour prest le villaige d'Aslon et ladicte vigne des Rouches, qu'ils ont eu et acquis de sa dicte femme, sera payée la somme de trois cents livres aux susdicts dénommés Morelon desquels susdicts sera tenu le droict d'ypotecque de rante quy seront fondées. Et a été assigné audict contract de mariage pour le droict d'yceluy, tant envers Léonard Morelon que

Françoyse, lesdictes partyes respectivement par la foy et serment, sauf soubz l'obligation et hypotecque de tous et chacuns terres, biens presens et advenir quelconques, tenir, garder et accomplir ce qu'est dessus et à jamais y contrevenir, de garantir le tout ensemble, lesdictes partyes ceddent, quittent et transportent à peyne de tous despens dommaiges et intérets sous ladicte hypotecque, garder l'accomplissement en la forme de droict d'icelle, a été donné a entendre par ledict accord et de général rendu auxdictes partyes et faire valoir le spécial procédé, et en outre lesdictes partyes d'accord envers les uns des autres à payer les susdicts intérets.

« Faict et passé audict lieu noble et hostel de Montagut, avant mid y en présence de temoins specials : Anthoyne et Françoys Morelon escuyer, seigneur de la Roche Morlon, Françoys Moréal dudict lieu du Blancq, le second jour d'Apvril, l'an mil cinq cent quarante un. »

« Signé : BALMART. »

Contract de mariage entre Charles de Mesnard et Margueritte Morelon. — « Du contract de mariage faict entre noble homme Charles de Mesnard, maistre d'hostel de Monseigneur le Duc d'Aumal, fils de deffunct noble homme Bertrand de Mesnard, en son vyvant seigneur de la Mesnardière et lieutenant du capitaine de la ville et chasteau Cadix d'une part, et Margueritte Morelon, damoizelle, fille et hérittière de noble homme et saige maistre Françoys Morelon, prestre et procureur général au parlemant de Roüan d'autre part, duquel en a eté extraict ce quy suyt : moïennant que le mariage soit faict et cellebré entre eux, et que Dïeu et nostre mère Saincte Eglise accordez, les
79. choses quy s'en suyvent :

29 Febv. 1551 « C'est à scavoir que ledict frère prestre, en faveur dudict mariage,
id. a accordé et ceddé par ce present, accorde et transporte auxdicts Mesnard et damoizelle, dès à présent, l'usufruict du fief, terre et seigneurie de Montagut et du fief de Serez, audict frère procureur appartenant par la mort et trespas de noble homme Esnard Morelon son père, avecque l'usufruict d'un pré au village d'Aslon et d'une vigne size au village des Rouches et assis en la chastellenie du Blancq en Berry et faict en la présence de revérent père en Dïeu Louis Mesnard, abbé de Barbery et prieur de Saint-Gilles du Pont Chaudier et maistre Jehan le Chanteur, escuyer, aujourd'huy Dimanche vingt-deux Febvrier 1551. Ainsy signé : Jacques Mesnard, Desvaux et Charles Mesnard.

NOTA. — Collationné la présente copie pour extrait, à son original qui a été tiré du Trésor du fief de Ceré et à l'instant remis par nous, notaires royaux établis au Blanc soubsignez. Fait et passé au château d'Avignon, parroisse de Douadic, après midy, le vingt-trois Mars 1770. Lecture faite, trois mots rayés nuls. Bernard notaire royal, Reignier procureur royal.

80. **20 Febv. 1793** id. **Extrait de la vente des biens nationaux.** — « Le vingt Février 1793, à huit heures du matin, nous, commissaires, nous sommes transportés avec le procureur syndic etc., etc., etc....., en conséquence, avons de nouveau fait faire lecture par l'huissier, de la désignation de l'article porté en ladite affiche qui comprend : La maison ou principal manoir, habitée par le fermier, consistant en chambres basses, chambres hautes, écurie, cellier, une cave, une boulangerie, étables, cour dans laquelle est un jardin ; la chapelle du prieuré, le cimetière, le tout dépendant du ci-devant prieuré de Bienavant etc., etc., etc.....

« Ayant été criés et publiés au prix de seize cents livres sur l'enchère du citoyen Valois, à deux mille livres par Barnabé, à deux mille cinq cents livres par le citoyen Lelarge, à trois mille livres par Feschaud, à trois mille cinq cents livres par Daulu, à quatre mille livres par Barnabé, à quatre mille six cents livres par Daulu, à quatre mille six cent cinquante livres par le citoyen Barnabé; avons déclaré le citoyen Barnabé dernier enchérisseur, adjudicataire définitif desdits objets, Et ledit Barnabé nous ayant déclaré qu'il avait enchéri au nom et pour le citoyen Perséguier, fermier à Bienavant, avons audit Barnabé, audit nom, adjugé.

« Fait et donné ledit jour vingt Février 1793. »

81. **XVIIe siècle** *Arch. de l'Indre* E. 411 à 432 **Chartes relatives à la famille Mangin de Beauvais.** — Constitution d'une rente de sept écus quarante-sept sous six deniers, au profit de César Mangin. — Revendication par François Mangin, seigneur des Ages, d'une rente qui lui est dûe sur le village des Bacquelaudières. — Échange entre Jean Mangin, seigneur de Chizé, avec Pierre Beaupoil. — Saisie des biens de la dame Mangin. — Acquisition de la métairie du Chastellet à la famille Morelon (de Pouligny) par Gabriel Mangin. — Contrat de mariage entre Jean Mangin, seigneur de Chizé, fils de Pierre Mangin et de Jeanne Rouelle d'une part, Jeanne Bastide fille de Jacques Bastide seigneur de Villemuzeault et de Jeanne Esnard d'autre part. — Cession d'une rente de quatre livres onze sons trois deniers par Louis Barbe seigneur de Roches époux de Rose Rabault, à René Mangin seigneur de Beauvais. — Opposition formée par René Mangin à la saisie du fief et métairie des Courtelaudières. — Procès entre René Mangin seigneur de Beauvais et Catherine de Muzard veuve de Charles de Montmorency et de Louis de la Châtre, au sujet d'une créance de sept cents livres souscrites par ladite dame.

XVIIIe siècle id. Partages de biens héréditaires entre Magdeleine-Angélique de Turgis, veuve de François Mangin seigneur des Petites Ages d'une part, François Mangin seigneur des Touches, Jeanne, Anne, Marie-Magdeleine et Marguerite Mangin d'autre part. —Vente de la métairie du moulin de Saint-Aigny par Jacques Mangin seigneur de Beauvais. — Cession d'une rente de vingt-et-une livres à René Mangin par Jean de Chateaubodeau, seigneur du Coudart. — Transaction entre Antoine Richard seigneur de Saint-Aigny et René Mangin, seigneur de l'Ipaudière. — Constitution d'une rente de cent dix livres par René Mangin, au profit des dames religieuses de Ville Salem. — Quittances délivrées aux Mangin par la Généralité de Bourges, par les religieuses de Ville Salem, par les Recollets du Blanc et par divers particuliers. — Constitution d'une rente de cent livres par Jeanne-Thérèse Mangin, veuve de Jean-Marie de Pressac, seigneur d'Epagne, au profit de Joseph Mangin de Beauvais, sous-diacre. — Vente par Silvain Barbe, seigneur de la Tour Vouillon et dame Rose Rabault son épouse, à René Mangin de la maison et fief de la Tour Vouillon, du Breuil, du Bois Robin, de la Naprie et de la Combe. — Constitution d'une rente par Joseph Mangin, seigneur de la Ssalle, au profit d'Anselme Delagoutte. — Acte de partage entre Silvain Mangin, seigneur de Beauvais, Madeleine-Rose Mangin, Joseph et Antoine Mangin. — Acquisition par les Mangin de dix boissellées de vigne situées aux Barrault près de Saint-Aigny. — Procès entre Jacques Bastide, seigneur de Vaugilard et René Mangin, seigneur de Beauvais, au sujet de la saisie du fief de Beauvais. — Procès entre Jacques Mangin, seigneur de Beauvais, Léger de May seigneur de la Croix Blanche et Silvain Jacquemin, au sujet de la perception des fruits d'une métairie non spécifiée. — Procès souteuu par René Mangin, contre Marie Drouet, veuve de Jérome Boutin et contre Augustin Drouet, fermier d'Ingrandes au sujet du prix de leur bail. — Procès soutenu par Thérèse d'Argens. veuve de René Mangin, contre Jacques Moreau de Chamousseaux et contre Silvain Barbe, seigneur de Roches, pour lu possession d'un jardin ou clos, situé au bourg de Saint-Aigny. — Procès entre Joseph Mangin de Beauvais et Louise-Elizabeth Fleury de la Bruère, épouse de René-Fortuné Legrand, au sujet de la possession d'une métairie, située au village de Villiers, paroisse de Mauvières. — Vente par François Mangin, seigneur des Touches, à René Mangin, seigneur de Beauvais, du fief de la Brosse-Brenoux. — Procès soutenu par Silvain Mangin de Beauvais contre Marie Saintonne, veuve de Nicolas de Forges et Jean de Forges, son fils, au sujet de tenement de Bordesoule ; contre Jeanne Caillaud et Laurent Martin, boulanger, au sujet de l'arrérage d'une rente de quarante-cinq livres ; contre Messire Savary, marquis de Lancosme, au sujet d'une rente viagère de trois-cent-cinquante livres. — Correspondance relative à la famille Mangin.

82.
27 Sept. 1436
Arch. de l'Indre
Série E. 152

Aveu de Gilet Pèle au seigneur du Blanc. — « De noble et puissant seigneur, mon très chier seigneur. monseigneur d'Oublancq en Berry, à cause de son chastel et chastellenie du chastel de Naillac, je, Gilet Pèle, escuyer, à cause de Johanne du Mons, ma femme, cognoys et confesse tenir à hommaige lige, à cause du chastel de Naillac, sans autre devoir, les chouses qui s'ensuyvent, et premièrement : mon lieu et mannoir appelé le Puy Pelerin, avecque garenne, vergiers et places, appartenant audict lieu ; item, dix quartiers de pré ou environ, avecque les boys et ung mulin, ung villaige appelé la Rouère, avecque les cens, rantes et tailles, vallant quarante solz, chacung an ; l'estang de la Rouère, vallant de trois en trois ans trente livres ; les pasturaiges et avenaiges de la lende dudict lieu, vallant quarante boisseaux d'avoinne chacung an, avecque les cens vallant six solz et trois gélines, la moictié de l'esve et poiche en la ryvière de Greuze, dès St-Aignien, jusqu'à l'esve de Fontgombaud, moytié avecque le seigneur de Roucheffort ; mon exploict dès l'esve de Fontgombaud jusque au gué du Goulet ; mes cens et rantes de Coubernard et de St-Aignien, vallant quinze solz avec ung settier de bled, mezure d'Oublancq, chacung an ; au villaige de l'Augelière et de la Joubertière, mes cens, terraiges et dixmes, vallant, les cens quinze solz, et le terraige et dixmes douze boisseaux de bled de tous bledz, chacung an ; mes cens que j'ai à Biennavant, vallant ..... deniers ; une dixme au lieu de Biennavant, vallant ung settier de tous bledz ; mes cens aux Rouches, vallant deux solz chacung an ; la dixme et terraige des Rouches, vallant ..... de tous bledz ; mes cens de Puy Girault et rantes, vallant quinze deniers, six boisseaux de fromant de rante au villaige de Puy Girault.

« Item, advoüe tenir une maison, appelée la maison des Brosses, avecque le labouraige de quatre bœufs ; la quarte partye du boys du Jart, avecque le fromantaige et pasquaige ; au villaige de Veilhon, seize boisseaux de fromant et deux d'avoinne ; la dixme de Puy Marteau, vallant trois settiers de tous bledz chacung an ; au villaige de Cleris, cinq solz de cens et un petit terraige vallant douze boisseaux de tous bledz, mezure d'Oublancq.

« Item, advoüe tenir mes cens de Raiffect-le-Franc et du villaige de Bourdesoule, vallant cinq solz, chacung an ; quatre solz de rante en la mestayrie de la Salle de Fontgombaud et quatre solz sur les hommes de Sauzelles ; tout le péaige de la traverse du pont de Fontgombaud.

« Signé : Pierre Jugleron, garde du scel, estably aux contraux d'Oublancq par le Roy, estant en la main du Roy. »

83.
1825
Arch. de l'Indre
Q. 980 et 981

Répartition du milliard des émigrés. — « Pinault de Bonnefonds (Pierre) l'aîné, qui demeurait en la ville du Blanc, mort à Anvers, le 29 vendémiaire an IX, amnistié le 6 messidor an II, fils de Jean Pinault et de Nicole de Brossard, dépouillés par partage de présuccession, à cause de l'émigration de deux de leurs fils, le 2 fructidor an IV, représenté par sa fille unique, Anne-Charlotte-Alexandrine, née au Blanc le 16 juillet 1782, épouse de Louis-Félix-Anne de Poix, demeurant à Saint-Lactencin : indemnité de 13.844 frs., pour les domaines du grand et du petit Mazerolles (Cne de Saulnay).

« Pinault de Bonnefonds (René-Philippe), mort sur le canal de Malines, le 13 juillet 1794, frère du précédent, représenté par Marie-Anne Pinault et par Anne-Charlotte, épouse de Poix : indemnité de 36.746 frs., réduite à 26.844 frs., pour les domaines d'Asnières, la Bodetterie, la Breuzatterie, le château de la Tremblaie, la borderie de la Bouillerie, etc., etc... »

⁂

« Poix (Louis-Jean-Charles-Baptiste), réclamant par lui-même et son frère, Louis-Marie-Alexandre de Poix, mort à Jallais (Maine-et-Loire) en juillet 1793. — Autres réclamantes : Marie-Louise de Poix, veuve d'André Guillotteau et Joséphine d'Andigné, veuve de Thomas-Louis de Poix, à cause d'un partage de présuccession du 26 thermidor an VI : indemnité de 5.400 frs., réduite à 4.431 frs., pour les domaines du Pavillon (Cne de Nuret) et la Chaulme (Cne de Chasseneuil). »

FIN DES PIÈCES JUSTIFICATIVES

Table des Matières

Pages

PREMIÈRE PARTIE

LA ROUTE DU BLANC A BÉNAVENT

DEUXIÈME PARTIE

LE PRIEURÉ DE BÉNAVENT

Imprimerie G. DUPIN
Le Blanc (Indre)

Imprimerie G. DUPIN
Le Blanc (Indre)

www.ingramcontent.com/pod-product-compliance
Ingram Content Group UK Ltd.
Pitfield, Milton Keynes, MK11 3LW, UK
UKHW021044220726
13924UKWH00005B/2012

9 782019 936853